MEMORIZE
DIREITO

EDIVALDO ALVIM

MEMORIZE DIREITO

MEMORIZAÇÃO DESCOMPLICADA
PARA PROVAS E CONCURSOS

EDITORA
Labrador

Copyright © 2021 de Edivaldo Alvim
Todos os direitos desta edição reservados à Editora Labrador.

Coordenação editorial
Pamela Oliveira

Capa
Rogério Marcos

Projeto gráfico
Felipe Rosa

Diagramação
acomte

Preparação de texto
Fausto Barreto Filho

Revisão
Bonie Santos
Marília Courbassier Paris

Imagens de capa
CoraMax (www.shutterstock.com)
Nutmommam e Travnikovstudio (www.freepik.com)

Ilustrações de miolo
Alceu Cândido e Elias Lago

Dados Internacionais de Catalogação na Publicação (CIP)
Angélica Ilacqua – CRB-8/7057

Alvim, Edivaldo
   Memorize direito : memorização descomplicada para provas e concursos / Edivaldo Alvim ; ilustrações de Alceu Cândido e Elias Lago. – 2. ed. – São Paulo : Labrador, 2021.
   168 p. : il.

ISBN 978-65-5625-128-8

1. Mnemônica 2. Memorização 3. Método de estudo I. Título II. Cândido, Alceu III. Lago, Elias

21-0070   CDD 153.14

Índices para catálogo sistemático:
1. Mnemônica

EDITORA Labrador

Editora Labrador
Diretor editorial: Daniel Pinsky
Rua Dr. José Elias, 520 – Alto da Lapa
05083-030 – São Paulo – SP
+55 (11) 3641-7446
contato@editoralabrador.com.br
www.editoralabrador.com.br
facebook.com/editoralabrador
instagram.com/editoralabrador

A reprodução de qualquer parte desta obra é ilegal e configura uma apropriação indevida dos direitos intelectuais e patrimoniais do autor.

A editora não é responsável pelo conteúdo deste livro.
O autor conhece os fatos narrados, pelos quais é responsável, assim como se responsabiliza pelos juízos emitidos.

SUMÁRIO

APRESENTAÇÃO 9

CAPÍTULO 1
DESCOBRINDO A MEMORIZAÇÃO 11

CAPÍTULO 2
FERRAMENTAS IMPORTANTES PARA A MEMORIZAÇÃO 17
   Melhore sua memória – ASOVE 18
   Ícones Mentais 23
   Foco e concentração 27
   Palavras-chave 31
   Técnicas de revisão 36
   Técnicas simples para ser mais produtivo 46
   Resumo do capítulo 2 54

CAPÍTULO 3
TÉCNICAS DE MEMORIZAÇÃO 56
   Os quatro princípios para uma memória maravilhosa 57
   Método John Place 63
   Acrônimo e acróstico 66
   Links, Andaime ou Gatilho 70
   Mapas Mentais 75
   O Palácio da Memória 83
   Alfabeto fonético 90
   Resumo do capítulo 3 104

CAPÍTULO 4
MEMORIZAÇÃO APLICADA AO DIREITO 106
   Macetes jurídicos 107
   Memorizando frações 120
   Memorizando expressões em latim 124
   Paródias jurídicas 128
   Mapas Mentais aplicados ao Direito 132
   Memorizando a Lei, poderosa ferramenta! 152
   Resumo do capítulo 4 161

CONSIDERAÇÕES FINAIS 163

BIBLIOGRAFIA 165

AGRADECIMENTOS

A Deus, por me dar forças nos momentos de fraqueza. Sua presença permitiu que eu não desistisse do sonho de escrever esta obra.

Aos meus pais, Edivaldo Alvim e Maria Lemos, pelo apoio financeiro e pelo incentivo para seguir em frente. Devo a eles tudo o que sou hoje.

Ao meu irmão, Ismael, pelo exemplo, pela inspiração e por mostrar que nossos sonhos são possíveis.

À minha irmã, Rafaela, que foi sempre solidária quando precisei de alguma forma de ajuda.

Aos meus amigos Alceu Cândido e Elias Lago, que enriqueceram este livro com belíssimas ilustrações.

A todos os professores que contribuíram para a formação do meu caráter. Eles foram muito mais que mestres. Tornaram-se amigos e incentivadores.

Aos meus alunos, que, de alguma forma, me ensinaram a ser um professor melhor e, sobretudo, uma pessoa melhor.

E a todos que me ajudaram a escrever este livro.

APRESENTAÇÃO

"Uma longa viagem começa com um único passo." **Provérbio chinês**

A inspiração para escrever esta obra veio da ausência de livros de memorização no Brasil, especialmente os focados em concursos. Ela foi desenvolvida para auxiliar as pessoas que têm dificuldades em estudar para provas e concursos, principalmente na área do Direito.

Procurarei demonstrar que o estudo do Direito não precisa ser chato e improdutivo. Pode ser uma prática divertida e eficaz. Meu objetivo é ensinar, de maneira fácil e dinâmica, como aplicar as técnicas de memorização do Direito e potencializar a capacidade de memorização e aprendizagem do leitor.

A ideia central é falar para pessoas como você, que precisam de dicas práticas e eficientes, sem enrolação ou métodos que não funcionam. Assim, criei e aprimorei diversas técnicas de fácil entendimento, buscando sempre uma linguagem descomplicada e de qualidade.

O livro é composto por quatro capítulos, subdivididos em temas específicos, para a fixação mais efetiva do material proposto. Há, ao final de cada técnica, um exercício para que você possa colocá-la em prática.

Ao término deste livro, você será capaz de aprender e memorizar diversos conteúdos relacionados ao Direito, maximizando a sua capacidade de memorização e compreensão dos assuntos dessa área tão complexa e fascinante.

Como aproveitar melhor a leitura

Este livro foi escrito de forma sequencial e cada capítulo é importante para a sua aprendizagem. Portanto, é fundamental que você não pule nenhuma parte e siga todo o cronograma aqui proposto. O ideal é que faça todos os exercícios apresentados.

Acredito que a prática leva à perfeição. Embora as técnicas explicadas sejam de fácil assimilação, demandam dedicação e foco.

Porém, na medida em que você exercite, contínua e diariamente, por apenas alguns minutos, as técnicas propostas, irá aprendê-las com mais facilidade. A chave do sucesso é que você pratique cada atividade para obter uma compreensão orgânica de todo o conteúdo. Por isso, repita, repita, repita e, quando pensar que já sabe tudo, repita mais uma vez.

As técnicas ensinadas foram criadas e aprimoradas de acordo com o meu modo pessoal de compreensão. Então, parto do princípio de que cada pessoa terá seu próprio jeito de usá-las. Para potencializar sua aprendizagem, modifique o que achar necessário e crie suas próprias histórias. Os métodos apresentados são maleáveis e podem ser adaptados para qualquer pessoa e qualquer assunto.

CAPÍTULO 1
DESCOBRINDO A MEMORIZAÇÃO

"Quando você é diferente, o mundo todo é diferente. Não é uma questão de criar um mundo diferente, é apenas uma questão de criar um você diferente. Você é o seu mundo. Então, se você muda, o mundo muda." **Osho**

Seja bem-vindo, leitor.

Neste capítulo, contarei um pouco da minha trajetória com a prática da memorização e explicarei como aprendi diversas técnicas que se tornaram a ideia central deste livro.

Procurei organizar as informações de forma bem resumida e simples, porque a ideia deste livro é justamente explicar as técnicas de memorização de maneira descomplicada e rápida, para que você possa colocá-las em prática e, em pouco tempo, colher os resultados — tudo sem enrolação.

Há muita coisa para estudar, preciso de ajuda!

Não fui um bom aluno no ensino médio e, quando iniciei a graduação em Direito, sabia que teria pela frente milhares de informações para absorver. Quanto mais eu avançava na faculdade, mais surgiam leis, artigos, súmulas e outros conteúdos para aprender e memorizar. O principal problema era ter de enfrentar um grande volume de informações com uma memória nada boa: memorizar nunca foi meu forte, e isso ficou evidente quando mais precisei desse recurso.

Dia de sorte!

No meu tempo livre, eu gostava de frequentar um sebo perto do meu antigo apartamento. Ia em busca de alguma coisa interessante para ler além dos livros de Direito, uma forma de espairecer e expandir meus conhecimentos em outras áreas.

Naquela tarde de quinta-feira, eu estava com sorte: encontrei um pequeno livro usado — talvez vendido por algum leitor com os mesmos problemas de memorização que eu — que me tocou profundamente. Acabei por descobrir uma ferramenta maravilhosa para me auxiliar nos estudos. Escrito por Tony Buzan, o livro, intitulado *Mapas mentais*, foi responsável por me abrir as portas para a prática da memorização, razão pela qual o guardo com carinho até hoje.

Descobrindo novos talentos

Comecei a leitura de *Mapas mentais* no mesmo dia, e passei a colocar em prática seus ensinamentos. Descobri que poderia memorizar muita coisa usando apenas minha imaginação e minha criatividade. Naquela época, eu estava estudando Direito Fundamental na faculdade e resolvi memorizar todos os 78 incisos do art. 5º da Constituição Federal. Era um desafio e tanto, mas eu queria ver até onde conseguiria ir com aquelas técnicas. Comprei todo o material necessário para criar e elaborar meus próprios mapas mentais e gastei horas desenhando esquemas. Após certo tempo de prática e revisão, finalmente a mágica aconteceu: eu havia memorizado todos os incisos, do art. 1º até o art. 5º. Esse fato mudou minha forma de estudar e me abriu as portas para aprender outras técnicas de memorização.

A busca por mais conhecimento

Percebendo o quanto havia memorizado usando apenas uma técnica simples, resolvi conhecer outros métodos de estudo e memorização. Mas, como eu não podia investir muito em livros naquele momento, decidi me dedicar a pesquisas na internet sobre o assunto.

Na época, encontrei poucos sites em português sobre o tema. Foi quando, sem querer, num site de busca qualquer, deparei com um fórum de memorização. Embora o conteúdo estivesse em inglês, pude traduzi-lo parcialmente e compreender que havia outras táticas ainda mais eficazes e totalmente personalizáveis. Percebi, então, que, com dedicação e com a aplicação das técnicas certas, qualquer pessoa poderia memorizar qualquer conteúdo.

Adaptando as técnicas para o Direito

A maior parte das técnicas que encontrei era voltada para competições de memorização — por exemplo, memorizar baralhos, datas, binômios, números etc. Era um truque poderoso, mas, embora gostasse de praticar com cartas e outros jogos, esse não era meu real objetivo. Meu verdadeiro desafio seria converter essas técnicas para a área do Direito. Artigos, leis, súmulas e brocardos se tornaram meu campo de testes para compreender os limites da minha capacidade de memorização.

Fui testando as técnicas uma a uma para cada tipo de assunto, analisando qual seria o melhor método para o objetivo desejado. Em certos momentos, combinei mais de uma tática para aprender conteúdos mais complicados, e disso surgiu o que chamo de Superferramenta de Memorização, ou simplesmente SFM. Você conhecerá os detalhes desse método nos próximos capítulos.

A ideia do blog *Clube da Memória*

Depois de muito tempo aprendendo técnicas de estudo e memorização e sabendo que havia poucos sites em português sobre o assunto, resolvi criar meu próprio site para facilitar a vida de outras pessoas interessadas em aprimorar a memória. A iniciativa surgiu da junção de ideias minhas com as de um amigo que, como eu, gostava de estudar técnicas de memorização e escrevia sobre o tema. Nós nos conhecemos casualmente, em um dos muitos sites voltados a essa área. Foi em uma troca de e-mails que resolvemos criar o site *Clube da Memória* (clubedamemoria.blogspot.com). O projeto acabou ficando por minha conta, e hoje o blog tem mais de 200 mil visualizações. Tornou-se, assim, um canal de compartilhamento de ideias entre pessoas interessadas em dominar a arte da memorização. A última atualização foi em 2016, mas você ainda pode visitar o site para encontrar diversas dicas e técnicas.

"Preciso escrever um livro!"

Depois de ter criado o blog, percebi uma grande procura por livros sobre memorização e uma enorme quantidade de dúvidas que chegavam ao meu e-mail diariamente. Foi então que decidi me desafiar e escrever este livro sobre o assunto. O conteúdo deste volume é fruto de muito trabalho, pesquisa e utilização real das técnicas aqui ensinadas. Foram noites em claro imaginando qual seria a melhor maneira de transmitir aos leitores meu conhecimento de forma objetiva e criativa. Minha intenção não era criar algo parecido com o que já existe no mercado, mas desenvolver algo novo e que realmente fizesse diferença na vida do leitor.

Então, prepare-se para mudar totalmente o modo como você estuda. Esteja disposto a levar sua memorização para outro nível. A ideia central deste livro é desmitificar a concepção de que estudar precisa ser chato e cansativo. Estudar e memorizar o conteúdo são práticas que abrem portas para o crescimento profissional, expandem seus horizontes e derrubam barreiras.

CAPÍTULO 2

FERRAMENTAS IMPORTANTES PARA A MEMORIZAÇÃO

Neste capítulo, apresentarei várias ferramentas interessantes que auxiliarão você nos seus estudos diários. Essas ferramentas são muito importantes para colocar em prática todas as técnicas de memorização que serão aprendidas nos capítulos seguintes. Boa leitura!

MELHORE SUA MEMÓRIA – ASOVE

"Pinto as coisas como as imagino e não como as vejo." **Pablo Picasso**

Para se lembrar de algo, é necessário torná-lo passível de memorização. Você deve imaginá-lo de modo que a imagem seja tão incomum que se torne difícil de esquecer.

Se lhe perguntassem o que você estava fazendo em 11 de setembro de 2001, durante o atentado às Torres Gêmeas, nos Estados Unidos, você saberia responder? Bem, eu me lembro como se fosse hoje.

Era hora do almoço e eu estava em casa assistindo a desenhos na televisão, quando apareceu a vinheta do plantão da Globo noticiando que um avião havia se chocado com a primeira torre. E me lembro de ter assistido ao momento em que o segundo avião se chocou com a segunda torre. Assim como eu, a maioria das pessoas descreve com perfeição onde estava e o que estava fazendo no momento em que soube do atentado. Isso porque a cena de dois aviões atingindo duas das maiores torres do mundo envolve vários fatores difíceis de esquecer, como:

Exagero: a cena de dois aviões colidindo com um dos símbolos dos Estados Unidos da América é uma imagem exagerada, fora do mundo das ações comuns, portanto difícil de esquecer.

Ação: ao nos lembrarmos do Onze de Setembro, já nos vem à cabeça a cena dos aviões se chocando com as Torres Gêmeas do World Trade Center e gerando uma grande explosão, cena típica de filmes de ação.

Fora de proporção: o atentado às Torres Gêmeas foi uma cena fora do comum, desproporcional ao que ocorre no nosso dia a dia, sendo mais fácil de recordar.

Violência, negatividade: pessoas se jogando dos prédios para escapar das chamas e corpos sendo resgatados pelos bombeiros são cenas violentas e negativas, fatores que nos impedem de esquecer o que aconteceu.

No primeiro capítulo, comentei que criei um blog e que recebia centenas de e-mails e comentários com dúvidas de leitores. Eles tinham enormes dificuldades em criar imagens fortes na mente que não fossem esquecidas depois de algum tempo.

Então, desenvolvi uma técnica para a elaboração das imagens mentais que utiliza o acrônimo[1] ASOVE. Ele significa: Ação, Substituição, fOra de proporção, Violência e Exagero. Meu objetivo foi ajudar as pessoas que têm dificuldades de criar imagens mentais fortes no momento da memorização. Essa ferramenta facilita a criação de imagens mentais poderosas, capazes de manter o seu cérebro alerta.

---

1. Acrônimo: palavra que se forma pela junção das primeiras letras ou das sílabas iniciais de um grupo de palavras ou de uma expressão.

Como usar a técnica ASOVE

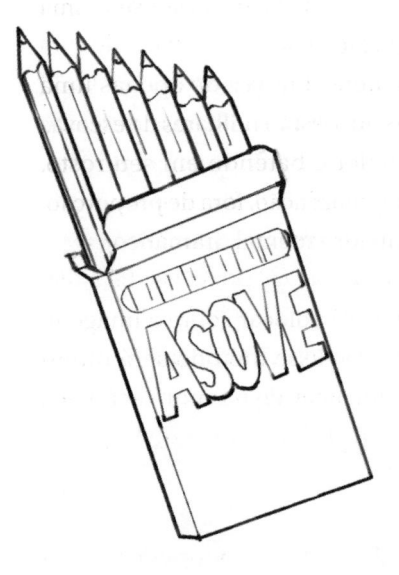

Vamos começar com um exemplo simples. Imagine que seu irmão lhe pediu para ir até uma loja comprar uma escova de dentes. Supondo que você tenha uma memória muito ruim e esteja com medo de, quando chegar à loja, não conseguir lembrar do que foi pedido e decepcionar seu irmão, você poderá aplicar a técnica ASOVE utilizando os seguintes recursos:

Ação. Seu objetivo é adicionar um pouco de ação ao item em questão. Quanto mais ação você adicionar, mais fácil será de memorizar. Imagine uma guerra entre escovas de dentes, ou escovas de dentes lutando até a morte.

Substituição. Substitua os itens originais por imagens que sejam mais fáceis de memorizar. Em outras palavras, você vai imaginar um item em vez de outro. Por exemplo, na hora de escovar os dentes, no lugar da escova imagine que você está usando uma cebola. Se puder, sinta até o gosto ruim da cebola.

Fora de proporção. Imagine os seus itens fora de proporção. Por exemplo: você vai torná-los muito grandes ou muito pequenos. Talvez sua escova de dentes seja tão grande que os objetos pareçam postes enormes que se estendem desde o chão e atravessam o telhado da loja. Ou tão pequena que, quando você for escovar os dentes, ela fica grudada entre eles.

Violência. Quanto mais selvagem, violenta, extrema e louca for a ação, é mais provável que o item seja lembrado posteriormente. Então, em vez de se lembrar de comprar uma escova de dentes comum, imagine uma escova de dentes com lâminas afiadas – certamente não é uma boa ideia escovar os dentes com ela, mas essa será uma imagem que você não esquecerá com facilidade.

Exagero. Exagere o número de itens. Em vez de apenas uma escova, quem sabe dezenas, centenas ou mesmo milhares de escovas de dentes afiadas voando ao seu redor e batendo em seu rosto.

Repare que há vários elementos nessa cena: ação, fora de proporção, violência e exagero em apenas um quadro mental dramático[2].

Lembre-se: quanto mais ASOVE você colocar sobre a imagem, mais fácil de memorizar ela se tornará! Esse método será muito importante quando formos usar as técnicas de memorização dos capítulos seguintes.

---

2. Quadro mental dramático: história criada para memorizar.

VAMOS PRATICAR!

Exercício 1:

Sua meta neste exercício é criar o seu próprio quadro mental dramático utilizando a técnica ASOVE. Imagine que você precisa ir ao supermercado fazer compras e não pode esquecer de comprar **caixa de lápis**. Agora, é a sua vez: use o ASOVE para criar uma imagem mental poderosa que fará com que você não esqueça de comprar o que foi pedido! Lembre-se de que a prática leva à perfeição.

ÍCONES MENTAIS

"A imaginação é mais importante que o conhecimento." **Albert Einstein**

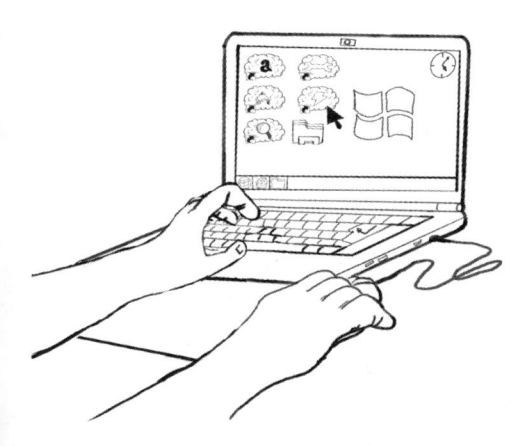

O Ícone Mental é uma ferramenta importante para a memorização, pois com ele podemos transformar palavras que não trazem nenhuma imagem mental (abstratas) em palavras com imagens concretas, fortes, o que torna nossa vida bem mais fácil no momento de memorizar.

Existem dois tipos de Ícones Mentais: o Ícone Mental Fonético e o Ícone Mental Simbólico. A utilização de cada ícone vai depender da palavra a ser memorizada.

O Ícone Mental Fonético deve ser utilizado quando a palavra não remeter a nenhuma imagem possível, mas seu som for muito parecido com outra palavra que remeta a uma imagem. Por exemplo, a palavra **cominação** não remete a nenhuma imagem, mas eu posso substituí-la pela palavra **comilão**, que traz, para mim, a imagem de uma criança comendo um enorme hambúrguer.

Já o Ícone Mental Simbólico será utilizado quando uma palavra sem imagem mental possível for substituída por outra que a simbolize e traga uma imagem mental.

Para ficar mais claro, vamos a um exemplo: quando você pensa na palavra **PAZ**, o que vem à sua mente? A maioria das pessoas irá pensar numa **pomba branca**, pois ela é o símbolo da paz. Então, você irá usar pomba branca no lugar de paz. A imagem simbólica é pessoal, cada um de nós pode ter uma imagem simbólica própria para cada palavra correspondente. O importante é criar o próprio Ícone Mental.

Veja um esquema para diferenciar os dois tipos de Ícones Mentais:
Ícone Substitutivo Fonético: palavras que têm o mesmo tipo de som. Exemplos:

Enrolado pode ser substituído por **ralador**.

Focar pode ser substituído por uma **foca**.

Ícone Substitutivo Simbólico: palavras que simbolizam outra coisa por sua associação imediata. Exemplos:

Paz pode ser representada por uma **pomba**.
Minas Gerais pode ser representada por **pão de queijo**.

Para ajudar a criar os seus Ícones Mentais Fonéticos, repita a palavra várias vezes, até que venha à mente uma com som parecido, ou você pode também pesquisar em um dicionário palavras com o som parecido. Se a palavra for muito grande, pode dividi-la em duas ou mais palavras. Exemplo:

Carinhoso pode virar **carro idoso**.

Para criar o Ícone Mental Simbólico, veja se a palavra representa algo para você. Exemplo:

A palavra **condenado** me faz lembrar de **cadeira elétrica**.

Para facilitar ainda mais o seu entendimento, listei alguns exemplos de Palavras Abstratas e os seus Ícones Mentais:

Palavras Abstratas	Ícones Mentais
França	Torre Eiffel
Saudade	Soldado
Detegere (corre)	Detergente
Saúde	Hospital
Amar	Arma
Nova York	Estátua da Liberdade
Religião	Cruz
Causal	Casal
Orgulho	Mergulhador

Como usar os Ícones Mentais

Os Ícones Mentais serão muito importantes quando formos falar das técnicas de memorização. Isso porque toda vez que você se deparar com Palavras Abstratas, que não remetam a nenhuma imagem, terá de usar o Ícone Mental.

Digamos que você deseje memorizar o título do art. 41 do Código Penal, que fala da Superveniência de Doença Mental.

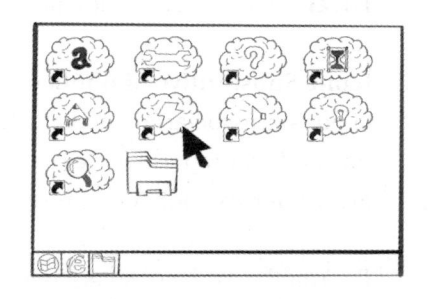

Superveniência é uma Palavra Abstrata. Se não a transformarmos em um Ícone Mental, teremos dificuldades em memorizá-la. Por isso, é só você transformar "superveniência" no Ícone Mental Fonético: **Conveniência**.

Já as palavras **doença mental** podem ser representadas por uma **camisa de força**. Pronto, agora é só juntar os dois ícones em um quadro mental forte. Vou dar um exemplo de como você poderia fazer o seu quadro mental:

Imagine que você está em uma loja de conveniência para comprar um lanche, pois está morrendo de fome. Subitamente, chega um louco, com uma camisa de força, que acabou de fugir do hospício. Ele, então, ameaça quebrar toda a loja. Pronto: você criou um Ícone Mental.

Assim, fica fácil criar seu quadro mental utilizando os Ícones Mentais para Palavras Abstratas. Haverá outros exemplos no decorrer deste livro.

MEMORIZE DIREITO . 25

VAMOS PRATICAR!

Exercício 1:

Agora, é o momento de ver se você realmente aprendeu a técnica ensinada. Sua meta, neste exercício, é produzir um Ícone Mental Fonético ou Simbólico que o ajude a lembrar das palavras da coluna da esquerda. Vamos lá:

Palavras Abstratas	Ícones Mentais
Ex.: Cominação	Comilão
Tirano	
Atenuante	
Habeas Corpus	
Agravante	
Itália	
Liberdade	
Felicidade	
Vitria (vencer)	
Poder	

FOCO E CONCENTRAÇÃO

"Às vezes, eu me preocupo com a curta duração da minha atenção, mas não por muito tempo."
Autor desconhecido

Quando imaginamos que temos de estudar várias horas por dia, o desânimo é inevitável. Isso já aconteceu comigo também.

Sempre tive o hábito de me programar para estudar ao menos quatro horas por dia. Mas, quando acordava e tinha de encarar essa rotina, o desânimo me impedia de continuar. Além disso, havia o fato de que, quando eu conseguia, finalmente, estudar, não vinha a concentração. Minha atenção se dispersava, desviando o meu foco para outras coisas de menor importância, como verificar minhas redes sociais, mexer no celular, assistir a algum vídeo etc.

Se pensarmos de maneira prática, estudar de maneira concentrada por alguns minutos, com intervalos programados para o descanso, é bem mais produtivo do que gastar longas horas se debruçando sobre um assunto. O resultado se mede em maior produtividade e aprendizado real e menos estresse. Por isso, apresento a você a Técnica Pomodoro.

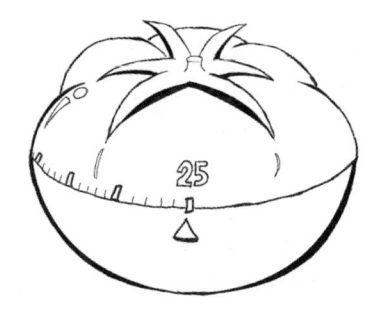

A Técnica Pomodoro é um método criado por Francesco Cirillo nos anos 1980. O nome deriva da palavra italiana *pomodoro* (tomate), em referência ao popular cronômetro em formato de tomate utilizado para marcar o tempo de cozimento dos pratos.

A técnica consiste na utilização de um cronômetro para dividir as tarefas em períodos de 25 minutos separados por pequenos intervalos de em média 5 ou 10 minutos cada.

O método é bem simples de ser utilizado e, se for aplicado da forma correta, pode se tornar numa poderosa ferramenta para lhe ajudar a ter mais desempenho e concentração. Além de gerenciar melhor o seu tempo, a Técnica Pomodoro é muito eficiente para evitar distrações recorrentes. Seu uso fortalece o hábito do foco criativo e desenvolve uma rotina de estudos muito mais eficiente e sem passar longas horas sentado na cadeira.

Essa técnica funciona bem, porque possibilita que você fique por 25 minutos concentrado na prática da memorização ou em qualquer outra tarefa desejada. Depois, você tem um descanso de cinco minutos para fazer o que tiver vontade, seja olhar sua rede social, usar o seu celular, ir ao banheiro ou até mesmo fazer uma pequena refeição. É importante que a tarefa escolhida não seja interrompida durante os 25 minutos programados, criando um fluxo contínuo de concentração. Esse exercício tornará o seu estudo muito mais produtivo.

Como funciona a Pomodoro

Segundo o autor, são apenas cinco os passos básicos para implementar essa técnica:

1º passo: escolher a tarefa a ser executada.

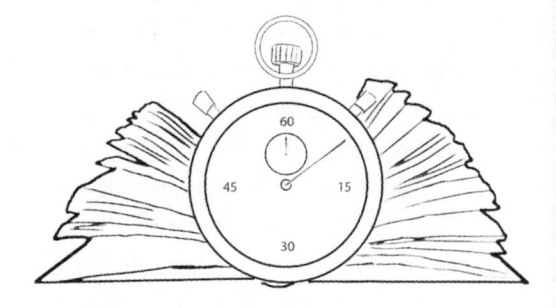

2º passo: ajustar o pomodoro (alarme) para 25 minutos.

3º passo: trabalhar na tarefa até que o alarme toque; registrar com um "x".

4º passo: fazer uma pausa curta (3 a 5 minutos).

5º passo: a cada quatro "pomodoros", fazer uma pausa mais longa (15 a 30 minutos).

Depois que aprendi essa técnica simples de foco e concentração, comecei a ser bem mais produtivo. Agora, por exemplo, em vez de programar quatro horas de estudo por dia, como relatei no início desse texto, divido esse tempo em pomodoros de estudo, com intervalos de descanso e intervalos maiores depois de quatro pomodoros seguidos. A fixação dos temas estudados tornou-se mais produtiva e passei a absorver muito mais conteúdo.

Então, daqui para a frente, quando for montar um cronograma de estudo diário, em vez de estabelecer uma meta de duas horas ininterruptas de estudos, estabeleça quatro pomodoros. Isso torna o estudo muito mais fácil e o seu cronograma será muito mais produtivo. Outra dica: leia este livro por 25 minutos e descanse cinco minutos. Você perceberá que a sua leitura ficará mais fácil e prazerosa.

VAMOS PRATICAR!

Exercício 1:

Neste exercício, você deverá utilizar um cronômetro e programá-lo para tocar após 25 minutos. Ao se passarem os 25 minutos de estudo ou de qualquer outra tarefa, faça uma pausa de cinco minutos como recompensa. Aproveite esse tempo livre checando as suas redes sociais, indo ao banheiro, bebendo água ou comendo aquele chocolate que escondeu na geladeira. Abaixo, deixei um espaço para você relatar como usou essa poderosa técnica.

_____

_____

_____

_____

_____

_____

_____

_____

_____

_____

PALAVRAS-CHAVE

"Você tem de fazer aquilo que pensa não ser capaz de fazer." **Eleanor Roosevelt**

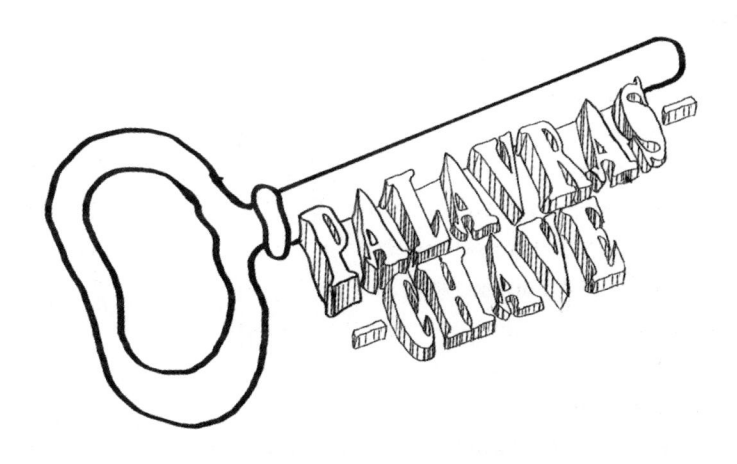

Uma palavra-chave resume os temas principais de um texto. Identifica ideias e temas de especial importância para servir de referência a todo o conteúdo estudado. É a palavra a ser memorizada que resgata toda a matéria a ela relacionada.

Quando comecei a praticar a técnica da memorização, queria reter todo o conteúdo da matéria. Até conseguia memorizar, mas desperdiçava o meu tempo nessa atividade. Gastava horas sem fim tentando lembrar do texto todo.

Pesquisando novas estratégias para reduzir o tempo gasto, percebi que, memorizando apenas palavras importantes (palavras-chave), assimilava o conteúdo ensinado e reduzia o tempo consideravelmente, sem perder a qualidade da aprendizagem.

O uso de palavras-chave é fundamental na memorização, porque, em textos longos, reter todo o assunto pode ser bem trabalhoso e levar muito tempo. Quando analisamos as palavras-chave e aprendemos a identificá-las, cada texto lido se torna mais fácil de ser compreendido e o tempo gasto em memorização é reduzido consideravelmente.

Para identificar uma palavra-chave em um texto, você deve buscar aquela palavra que lhe faz relembrar todo o conteúdo estudado. Uma boa referência de palavras-chave são os títulos dos capítulos dos livros. Geralmente, o autor escolhe uma palavra que resume todo o texto a ser lido. Outro exemplo da utilização de palavras-chave são os artigos do Código Penal, em que o título remete ao que está contido no texto. Por exemplo, o art. 5º do Código Penal tem o título **Territorialidade**.

Vamos ao texto do art. 5º do Código Penal:

Territorialidade

Art. 5º – Aplica-se a lei brasileira, sem prejuízo de convenções, tratados e regras de direito internacional, ao crime cometido no território nacional.

Tenho duas opções: posso memorizar todo o texto do art. 5º do CP, o que levaria muito mais tempo, ou, então, fazer a leitura, compreender as suas principais partes e memorizar apenas a palavra-chave. No caso do referido artigo, a palavra-chave é **Territorialidade**. Como você pode perceber, no corpo do artigo não existe a palavra "territorialidade". Isso mostra que a palavra-chave não deve estar necessariamente no texto estudado.

Vamos agora a um exemplo de como escolher a palavra-chave de um texto[3].

Em seu sentido amplo, cidadania constitui o fundamento da primordial finalidade do Estado democrático de direito, que é possibilitar aos indivíduos habitantes de um país seu pleno desenvolvimento através do alcance de uma igual dignidade social e econômica. O conceito amplo de cidadania está conectado e conjugado, porque encontra aí seus princípios básicos estruturantes, aos conceitos de democracia e de igualdade. A cidadania, no Estado democrático de direito, efetivada, oferece aos cidadãos, como iguais condições, o gozo atual de direitos, todos assistidos das garantias que permitem a sua eficácia, e a obrigação do cumprimento de deveres, que, em síntese, podem ser assim apresentados.

Se fôssemos escolher a palavra-chave desse texto, ela seria claramente **Cidadania**. O importante da palavra-chave é remeter a todo o assunto estudado, e por isso é necessário apreender o sentido do texto. Caso contrário, ela seria apenas mais uma palavra entre tantas. Uma dica: leia e releia o texto até compreendê-lo. Para verificar se assimilou todo o conteúdo, tente explicá-lo a um colega ou a você mesmo.

Um texto pode ter mais de uma palavra-chave, isso vai depender basicamente de sua necessidade, pois talvez apenas uma palavra seja insuficiente para relembrar o assunto como um todo. Por exemplo, no texto acima, além da palavra **Cidadania**, você poderia escolher mais palavras-chave, como: **Estado democrático de Direito** e **Fundamento**. Isso vai depender de sua necessidade pessoal. Mas não se preocupe, com o passar do tempo e com a utilização sistemática dessa técnica, tudo ficará mais fácil.

---

3. Texto disponível em: www.projectos.esffl.pt/phpwebquest/miniquest/soporte_tabbed_m2.php?id_actividad=351&id_pagina=2.

VAMOS PRATICAR!

Exercício 1:

Agora é a sua vez! Deixei um pequeno texto do psicólogo e escritor Miguel Lucas[4] para você escolher as palavras-chave. Lembre-se de que pode haver mais de uma palavra-chave e que elas devem remeter ao texto estudado.

SUPERE OS SEUS FRACASSOS
O fracasso anda de mãos dadas com o sucesso. Portanto, o fracasso faz parte do nosso processo de crescimento e desenvolvimento pessoal. Uma das formas de aprendizagem é por tentativa e erro, logo o fracasso é algo inevitável. O fracasso é uma condição da vida. [...]
A antítese do fracasso é o perfeccionismo. É o medo do fracasso levado ao extremo, não um fracasso tradicional de não cumprir objetivos de vida, como objetivos pessoais, desportivos ou profissionais, mas sim a obsessão de fracassar consigo mesmo na grande maioria das tarefas que realiza, sejam prioritárias ou não. É como se em tudo que a pessoa faz tivesse de ser "perfeita" e tudo o que faça que seja menor que a suposta perfeição é considerado uma derrota pessoal.

---

4. Texto disponível em: www.refletirpararefletir.com.br/textos-de-motivacao.

Palavras-chave:

TÉCNICAS DE REVISÃO

"Você é o que você repetidamente faz.
Excelência não é um evento – é um hábito."
Aristóteles

Qual é o número do seu telefone? Fácil lembrar, certo? Isso acontece porque ele já está devidamente armazenado na sua memória, após inúmeras repetições.

Quem estudou para uma prova no colégio ou na faculdade já passou pela situação de ficar tão "fera" no assunto que seria capaz de ministrar uma aula da matéria para seus colegas. Só que, depois da prova, você não tem mais contato com a matéria e simplesmente não sabe mais nada sobre ela. Identificou-se com a situação descrita? Pois bem, isso acontece porque você não realizou revisões e o seu cérebro entendeu que aquele assunto não era mais importante e o substituiu por uma nova memória. Seu cérebro é uma máquina seletiva, que, se não for usada, pode enferrujar.

Quer saber como registrar definitivamente uma informação? Basta usar revisões periódicas e programadas, como mostrarei neste capítulo.

Considero a ferramenta que vou explicar agora uma das partes mais importantes deste livro. Essa técnica será importantíssima para a memorização de longo prazo, por isso peço a total atenção na sua leitura. Leia e releia quantas vezes for preciso, usando essa técnica para revisar o assunto. Antes de explicar a Técnica de Revisão, vou falar da curva de esquecimento.

A curva de esquecimento é uma teoria que foi concebida pelo psicólogo alemão Hermann Ebbinghaus em 1885. Ela representa de maneira prática a habilidade de nossa mente de armazenar uma informação obtida recentemente. Por meio de diversos experimentos, Ebbinghaus conseguiu medir a dinâmica do tempo em nossa memória. Confira:

Nossa memória começa no marco zero, um ponto em que não sabemos nada ou sabemos pouco sobre determinado tema (representado pelo marco zero no gráfico).

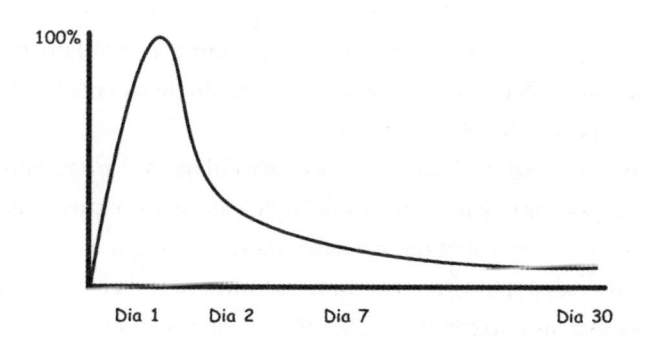

Logo depois, vemos o que chamamos de "ápice do conhecimento" (promovido geralmente após cerca de duas horas de estudo). Nessa fase, iniciamos o processo de esquecimento da coisa compreendida.

Após 24 horas (dia 2), a fixação do tema é reduzida. Após trinta dias, o volume de informação armazenado está na casa dos 2% a 3%.

No gráfico, podemos ver uma série de revisões, dentro do intervalo de um dia, após sete dias e após trinta dias. O que essa técnica nos diz é que não basta estudar visando retomar o mesmo tema em dias sucessivos. É necessário criarmos pausas de, no mínimo, 24 horas antes de iniciarmos uma nova revisão. Sucessivamente, sete dias após o estudo, é preciso realizar mais uma revisão. Segundo o autor, uma última revisão deve ser feita trinta dias após o primeiro dia de estudo.

É importante considerar o tempo de cada revisão: para a primeira revisão, não mais que dez minutos para cada hora estudada. Já para a segunda revisão, após sete dias, cinco minutos para cada hora estudada são suficientes. Após trinta dias, na última revisão, de dois a quatro minutos serão ideais.

Vale lembrar que cada revisão não deve ser encarada como um novo estudo, ou a prática se torna exaustiva e improdutiva.

Vamos agora compreender como usar a curva de esquecimento a nosso favor para revisar nosso estudo diário.

Digamos que você tenha estudado hoje (dia X) a matéria Y. Primeiro, você deve fazer um resumo do assunto estudado. Para isso, pode utilizar técnicas como o *flashcards* (que irei explicar adiante), Mapas Mentais (ensinarei no capítulo 3) e a técnica das palavras-chave, ensinada anteriormente.

No dia seguinte (24 horas após o estudo), você deve reservar dez minutos para revisar o resumo da matéria Y estudada no dia anterior antes de iniciar o novo estudo desse dia.

Depois disso, você só irá rever esse resumo uma semana após o dia X. Em seguida, deverá revê-lo um mês após o dia X. Na sequência, você vai rever seis meses depois de estudada a matéria Y no dia X. Se você for fazer uma prova ou prestar um concurso, deve reservar um tempo nos quinze dias finais para revisar todo o material resumido.

Segue um esquema para você entender melhor como funciona:

RESUMO:

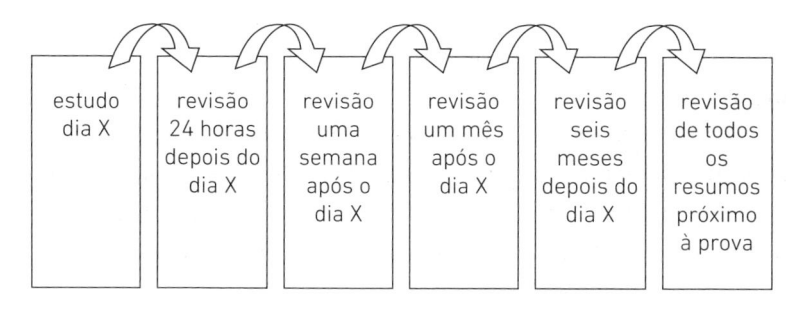

| estudo dia X | revisão 24 horas depois do dia X | revisão uma semana após o dia X | revisão um mês após o dia X | revisão seis meses depois do dia X | revisão de todos os resumos próximo à prova |

    É importante considerar o tempo de cada revisão: a chave para fazer essas revisões é organizar-se de forma que elas possam ser feitas em dois ou três minutos.

    Os Mapas Mentais são ótimos para fazer revisões rápidas e efetivas e tomar notas dos itens principais de uma aula, uma palestra ou uma leitura. Voltaremos a esse assunto quando formos ensinar as técnicas de memorização. Agora, vamos aprender uma nova técnica para ser usada como ferramenta de revisão.

Usando *Flashcards* para revisão

    Os *Flashcards* foram introduzidos na aprendizagem da Memorização nos anos 1970 pelo cientista alemão Sebastian Leitner. Eles são cartões pequenos nos quais escrevemos algum conteúdo estudado que desejamos revisar depois.

O tamanho dos cartões depende do que você irá armazenar e de como pretende usá-los. O ideal são cartões que caibam em seu bolso, pois assim poderá revisar o conteúdo em qualquer lugar.

Uma dica: existem aplicativos que podem ser usados como *Flashcards*; o mais popular deles é o Quizlet.

Seguem algumas vantagens do uso dos *Flashcards*:

Economizar tempo: os *Flashcards* são bons para otimizar o seu tempo na hora da revisão, ao passo que você não precisará ler todo o conteúdo novamente, mas apenas o resumo feito no seu cartão.

Fixação do conteúdo: utilizar os *Flashcards* para revisão irá lhe ajudar a memorizar o conteúdo estudado por um longo tempo.

Revisão: os *Flashcards* irão facilitar a sua revisão periódica.

Facilidade no estudo: dada a facilidade com que são feitos, os *Flashcards* podem ser lidos em qualquer lugar, seja quando estiver na fila do supermercado ou no seu carro.

Verificar se realmente aprendeu: como já foi dito, os *Flashcards* irão consolidar sua memória por meio da repetição e ainda permitem testar se você está realmente aprendendo o assunto.

Há tipos variados de *Flashcards* e o uso de cada um vai depender de seu critério de revisão. Vamos ver agora os principais tipos e como fazê-los:

Flashcards: perguntas e respostas

Cada *Flashcard* contém uma pergunta de um lado e a resposta do outro. Ao ler a pergunta, o estudante verifica se sabe a resposta. Em caso afirmativo, o cartão é colocado no bloco de cartões já estudados; em caso negativo, ele é movido para o bloco de cartões a serem revistos posteriormente.

Para produzir esse interessante instrumento de perguntas e respostas é fácil: basta um pedação de papel e uma caneta. O tamanho ideal são cartões que caibam em seu bolso, pois assim poderá revisar o conteúdo em qualquer lugar. Na frente do cartão, você fará uma pergunta sobre o tema estudado e, atrás, colocará a resposta.

Vamos a um exemplo:

B01	Pergunta	Dir. Penal
Segundo a CF, em seu art. 5º, quais são as penas proibidas?		
1 - Morte, salvo guerra declarada; 2 - de caráter perpétuo; 3 - de banimento; 4 - de trabalhos forçados; 5 - e cruéis. Art. 5º, XLVII, da CF		

Flashcard complete

No *Flashcard complete*, você vai deixar o seu *card* incompleto para que, durante a revisão, possa completar com a informação correta.

Para fazer os seus *Flashcard completes*, recorte um pedaço de papel (o tamanho fica a seu critério). Na frente do cartão, você faz uma afirmação e deixa um espaço sem preencher. Atrás do cartão, você irá colocar a palavra ou o texto que complete o espaço não preenchido da parte da frente.

Vamos a um exemplo:

B01	Complete	Dir. Penal
1 - Não há crime sem _____ anterior que o defina. 2 - Não há pena sem prévia _____ legal.		

RESPOSTAS
1 - lei 2 - cominação Art. 1º CP

Flashcard verdadeiro ou falso

No *Flashcard* verdadeiro ou falso, você deverá fazer afirmações e descobrir posteriormente, na revisão, se elas são verdadeiras ou falsas. Na frente do cartão, você fará uma afirmação e, na parte de trás, irá responder se a afirmação é verdadeira ou falsa.

Segue um exemplo de *Flashcard* V ou F:

B01	V ou F	Dir. Penal
Não há crime sem lei ou decreto anterior que o defina. Não há pena sem prévia cominação legal.		

FALSO
Não há crime sem lei anterior que o defina. Não há pena sem prévia cominação legal. Art. 1º CP

Agora, depois de conhecer os três principais tipos de *Flashcard*, você poderá escolher o melhor para o seu objetivo de revisão e estudo. Os *Flashcards* poderão ser separados por temas, assuntos ou disciplinas, o que facilita o acesso à informação.

VAMOS PRATICAR!

Exercício 1:

Neste exercício, você deverá fazer seu próprio *Flashcard* de perguntas e respostas.

	PERGUNTA	

	RESPOSTA

Exercício 2

No exercício 2, você deverá fazer o seu próprio *Flashcard complete.*

	Complete	

Exercício 3

No exercício 3, você deve fazer seu próprio *Flashcard* verdadeiro ou falso.

	V ou F	

	V ou F	

TÉCNICAS SIMPLES PARA SER MAIS PRODUTIVO

"A procrastinação não é apenas a ladra do tempo; é também o sepulcro da oportunidade."
Autor desconhecido

Técnicas antiprocrastinação

Quem nunca planejou estudar para um concurso em determinado dia, mas acabou no sofá da sala assistindo a mais um episódio da sua série preferida na Netflix? Ou quem nunca passou o dia todo planejando começar a caminhar à noite, após o trabalho, mas, chegando em casa, abriu uma cerveja e foi assistir ao jogo do seu time favorito?

Quando procrastinamos, temos uma sensação de que o final do dia está repleto de arrependimento – uma sensação ruim de que perdemos a chance de ter um dia produtivo. As matérias vão se acumulando e as gordurinhas não param de nos incomodar.

Antes de dormir, dizemos que no dia seguinte será diferente, que iremos concluir nossas tarefas, seja para estudar melhor, ter uma vida mais saudável ou apenas terminar um projeto engavetado há anos. O problema é que, no dia seguinte, nada muda, continuamos a postergar nossos objetivos, perdendo tempo com coisas banais que nos afastam de nossos propósitos.

Se você se identifica com essa história que acabei de contar, é provável que seja um procrastinador.

Se restam dúvidas sobre o que é procrastinar, vamos à definição do dicionário Aurélio:

Procrastinar: *adiar; deixar alguma coisa para depois [...] Transferir a realização de alguma coisa para um outro momento; prorrogar para outro dia.*

Confesso que também sou um procrastinador e, antes de terminar este livro, procrastinei várias vezes. Chega a ser irônico: para escrever sobre a procrastinação, eu mesmo procrastinei.

Durante o processo de escrita deste livro, houve noites em que não conseguia cumprir minha meta de escrever pelo menos cinco linhas de conteúdo. Nos dias em que eu não produzia nada, prometia que no dia seguinte iria compensar o que não tinha feito no dia anterior, mas jamais cumpria a minha promessa. Esse ciclo acabou dificultando o meu processo de escrita e posso dizer que não foi fácil vencê-lo.

Certa vez, tive um grande prejuízo por procrastinar a ida ao dentista. Durante minhas férias da faculdade de Direito, sempre passava uma temporada em Parauapebas, Pará, com minha família.

Em um desses períodos, fiz uma avaliação em uma clínica odontológica perto de casa. O exame indicou a presença de algumas cáries. Foi orçado um valor X para fazer o tratamento. Coisas simples, apenas obturações rápidas. Só que, como bom procrastinador, não terminei o tratamento. Fui apenas a uma sessão e depois não retornei mais.

Toda vez que pensava em ir ao dentista, inventava alguma desculpa e adiava para outro dia. E assim foi até o dia em que, já de volta ao curso de Direito, senti uma terrível dor de dente. Sem outra solução, retornei ao dentista. Ao fazer uma nova avaliação, descobri que aquela cárie pequena havia evoluído. Resultado: tive de fazer um tratamento de canal e paguei o dobro do valor da primeira avaliação.

Procrastinar para fazer o tratamento dentário, além de causar uma horrível dor de dente, me deu um grande prejuízo financeiro.

Por essas e outras situações, decidi que deveria encontrar uma técnica simples que me ajudasse a não procrastinar mais. A tarefa mais importante, naquele momento, era terminar este livro, pois eu não queria mais adiá-lo. Foi nessa procura que descobri uma técnica simples, fácil de ser assimilada e de ser executada, que funcionou muito bem.

Não sei se você percebeu, pelo início da leitura do livro, que eu procuro sempre técnicas de fácil entendimento e de fácil execução. A técnica é bem simples, porém muito poderosa. Ela foi determinante para a conclusão deste livro.

Eu a denomino "Antipensamento". Ela pode ser chamada também de técnica "3, 2, 1 e pronto".

Vamos a um exemplo: tenho bastante dificuldade de levantar cedo. Isso se deve ao excesso de pensamentos ao acordar, deixando a preguiça vencer, mesmo sabendo que terei várias tarefas para fazer durante o dia.

Umas das maneiras que encontrei para não deixar a preguiça vencer foi usar a Técnica Antipensamento: quando o despertador toca, antes de pensar por que devo levantar, ao invés de inventar milhares de desculpas, eu simplesmente conto 3, 2, 1 e pulo da cama. Todos sabem que o mais difícil é sair da cama, mas, depois que você se levanta, fica tudo mais fácil.

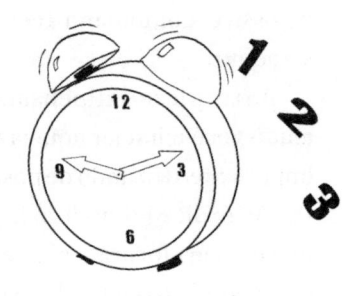

Com a técnica 3, 2, 1, essas situações são fáceis de resolver. Se você planejou estudar para um concurso, por exemplo, e essa é uma tarefa importante em sua vida, antes de ficar pensando se vai estudar ou não, conte 3, 2, 1 e comece a estudar imediatamente. Isso vale também para as caminhadas e as atividades físicas, geralmente, tão difíceis de realizar. Se você chegou em casa depois do serviço inventando desculpas para não fazer a caminhada diária, conte 3, 2,

1, calce os seus tênis e vá fazê-la. A técnica também ajuda a realizar tarefas simples, como fazer a barba ou organizar suas roupas. Não pense duas vezes: conte 3, 2, 1, vá lá e faça!

Evite a inércia com essa técnica simples. Toda vez que estiver procrastinando, conte 3, 2, 1 e inicie a tarefa que planejou. Não importa quão difícil ela seja, comece a fazê-la imediatamente. Com o tempo e a prática, essa técnica torna-se automática: antes de pensar, você já está contando e realizando o que projetou. Adeus, procrastinação!

Combinando técnicas – poderosa ferramenta para aumentar a produtividade

Já falei sobre a Técnica Pomodoro, a metodologia que utilizo para conseguir mais produtividade nas minhas tarefas diárias. Pois bem, é possível combinar a Técnica Pomodoro com a Técnica Antipensamento.

A Técnica Antipensamento ajuda você a iniciar aquela tarefa importante, deixando de postergá-la. A Técnica Pomodoro faz com que consiga focar na sua realização, criando os ciclos de 25 minutos. Assim você se concentra inteiramente, sem deixar que o mundo exterior retire seu foco.

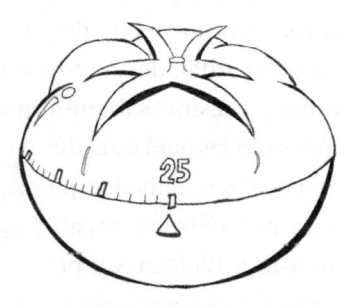

Vamos a mais um exemplo:

Imagine que você tenha planejado estudar quatro horas por dia para um concurso público. No momento de iniciar, você simplesmente não está muito a fim de estudar e posterga a tarefa, ansioso por assistir à sua série preferida da Netflix. Mesmo sabendo que o dia da prova está próximo, você só precisa de uma desculpa para adiar os seus estudos. Nesse caso, antes de pensar demais e criar a desculpa perfeita, conte 3, 2, 1, sente-se na cadeira e abra o seu material de estudo.

Ao se sentar, você irá usar o Pomodoro, não devendo sair de sua posição pelos 25 minutos seguintes. A cada 25 minutos, você descansará por cinco minutos e retornará para mais uma sessão, até completar as quatro horas de estudo que tinha planejado.

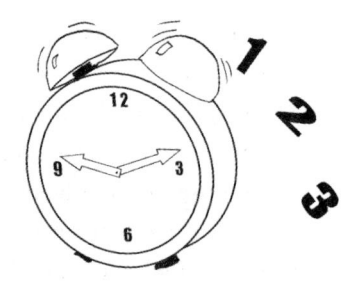

Dessa forma, combinando as técnicas Pomodoro e Antipensamento, você terá uma poderosa ferramenta de produtividade.

A pergunta de um milhão de dólares

Certo dia, encontrei em um livro[5] uma técnica fácil de ser aplicada. Ela consistia em se fazer uma pergunta simples quando estiver protelando ou inventando desculpas para não executar determinada tarefa.

Nesse caso, é só fazer a pergunta de um de milhão de dólares. Se lhe dessem um milhão de dólares para cumprir uma tarefa antes do fim do dia, você conseguiria executá-la? Se a resposta for sim, isso quer dizer que é possível realizar a tarefa. Caso você não a tenha

---
5. Peters, S. *O Paradoxo do Chimpanzé*. Rio de Janeiro: Intrínseca, 2016.

concluído até o final do dia, não haverá mais desculpa para a falta de disciplina.

De agora em diante, antes de adiar qualquer tarefa, faça essa pergunta simples. Você não ganhará um milhão de dólares, mas, certamente, obterá diversos outros benefícios pessoais.

Apesar dos meus esforços e do uso de diversas técnicas, devo confessar que ainda me considero um procrastinador. A procrastinação é inerente à natureza humana. Mesmo que você utilize todas as técnicas ensinadas neste livro, irá, em algum momento, adiar uma tarefa importante. Posso garantir, no entanto, que, aplicando-as, o problema será menos recorrente, causará menos danos e você conquistará maior autonomia.

Agora, chegou o momento de praticar o que foi ensinado. Não vale postergar o exercício, hein! Mãos à obra em 3, 2, 1...

VAMOS PRATICAR!

Exercício 1:

Agora é com você. Neste exercício, quero que comece a utilizar a Técnica Antipensamento. Toda vez que pensar em procrastinar para começar uma tarefa, conte 3, 2, 1 e a realize logo em seguida. Deixei um espaço para que você possa escrever como está se saindo:

_____
_____
_____
_____
_____
_____
_____
_____
_____
_____
_____
_____
_____
_____

Exercício 2:

Neste exercício, quero que você faça a pergunta de um milhão de dólares. Toda vez que estiver em dúvida sobre a execução de determinada tarefa, pergunte-se: se eu ganhasse um milhão de dólares, eu a faria? Deixe um relato de suas conquistas após o uso dessa técnica:

_____
_____
_____
_____
_____
_____
_____
_____
_____
_____
_____
_____
_____
_____
_____
_____
_____

RESUMO DO CAPÍTULO 2

» Utilize o acrônimo ASOVE – Ação, Substituição, fOra de proporção, Violência e Exagero – no seu quadro mental.

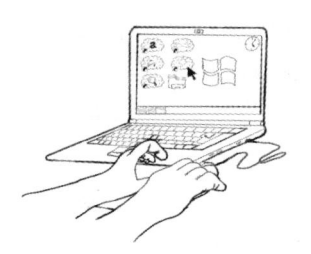

» Substitua Palavras Abstratas por outras que remetam a alguma imagem fácil de ser fixada.

» Ao realizar qualquer tarefa, divida-a em períodos de 25 minutos, com cinco minutos de descanso entre eles.

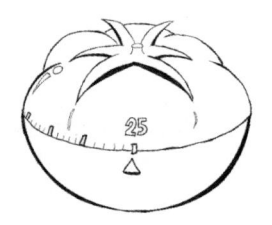

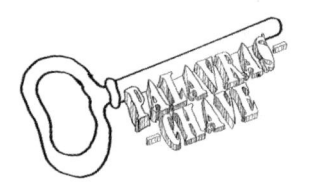

» Retire palavras-chave do texto que quer memorizar; isso facilitará a memorização de textos longos.

» Revise o assunto estudado após 24 horas, após uma semana, após um mês e após seis meses.

» Use a técnica *Flashcard* ou qualquer outra ensinada neste livro para revisar o assunto estudado.

» Quando estiver pensando em procrastinar qualquer tarefa importante, conte 3, 2, 1... e a execute.

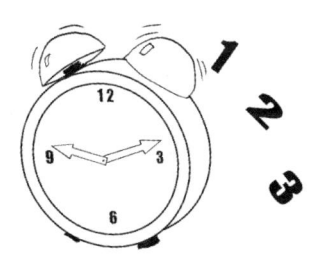

» Lembre-se da pergunta de um milhão de dólares. Se lhe dessem um milhão de dólares para cumprir uma tarefa antes do fim do dia, você conseguiria exccutá-la?

CAPÍTULO 3
TÉCNICAS DE MEMORIZAÇÃO

Neste capítulo, você vai aprender algumas das melhores técnicas de memorização de maneira descomplicada e prática.

O conteúdo deste capítulo é fundamental para o entendimento das técnicas de memorização aplicadas ao Direito que serão explicadas no decorrer do livro. Por isso, evite saltar os capítulos e siga a ordem de leitura, mesmo que não tenha aprendido bem as técnicas de memorização ensinadas nesta seção. Revise quantas vezes desejar e, acredite, no final tudo valerá a pena.

OS QUATRO PRINCÍPIOS PARA UMA MEMÓRIA MARAVILHOSA

"Criatividade é inteligência, divertindo-se."
Albert Einstein

O jornalista e especialista em memorização britânico Dominic O'Brien possui um pequeno e poderoso livro chamado *Learn to remember: practical techniques and exercises to improve your memory* (ou Aprender a lembrar: técnicas práticas e exercícios para melhorar sua memória, sem edição em português).

Em suas pesquisas, O'Brien descobriu que a memória não é uma coisa estática, mas um conjunto de ações e hábitos que fazem com que nos lembremos ou não de algo. Quando puxamos o fio do novelo da memória percebemos que ela acontece em diferentes planos, tanto de modo consciente quanto inconsciente, de maneira concreta e também abstrata. Ou seja, se você quer ter uma memória infalível, precisa entender um pouco como sua mente funciona. E é aqui que gosto de usar os princípios da memorização apresentados por O'Brien em seu trabalho.

Apesar da eficácia do método do britânico, considerei que havia a necessidade de mais um princípio para que a ferramenta de memorização estivesse completa. Por isso adicionei um elemento extra na equação: o quarto princípio, o da Repetição.

Todas as metodologias que traremos neste capítulo utilizam ao menos um desses princípios. Alguns desses modelos são usados intuitivamente, sem que as pessoas percebam que estão praticando métodos eficazes de potencializar a memória. Isso acontece, por exemplo, quando você memoriza o número do seu CPF. Nesse caso, trata-se de um princípio de repetição.

São quatro os princípios da memorização: **Imaginação**, **Associação**, **Localização** e **Repetição**. Vamos falar um pouco de cada um deles e de como podemos utilizá-los.

Primeiro princípio: Imaginação

Imaginação é o princípio mais forte e está em quase todas as técnicas que iremos ver adiante. Saiba que, se o princípio da imaginação for usado de maneira correta, você terá uma grande ferramenta em suas mãos.

Quando expliquei o uso dos Ícones Mentais, em que transformamos Palavras Abstratas em outras que criam uma imagem em nossa mente, utilizei o princípio da Imaginação.

Para usar esse princípio em sua plenitude, facilitando a sua memorização, você deverá utilizar os cinco sentidos ao elaborar as suas imagens mentais. Vamos a eles:

Visão: imagine uma imagem da palavra que quer memorizar, abuse das cores e dos tamanhos. Quanto mais bizarra for a imagem, mais fácil será de memorizar.

Audição: adicione sons aos seus quadros mentais, isso irá ajudar a memorizar as informações com mais facilidade.

Cinestesia (tato, olfato e paladar): sinta o cheiro do lugar. No caso de alimentos, imagine-se comendo-os, sinta o seu gosto. Retenha a temperatura do ambiente.

Importante ainda lembrar: quanto mais fora do comum for a imagem, mais fácil será memorizá-la. Quer um exemplo real? O que permanece mais na memória: elefante com bolinhas coloridas e óculos ou um elefante normal? Elefante com bolinhas coloridas, certo? Então, não tenha medo de ser criativo, abuse de sua imaginação!

Segundo princípio: Associação

O dicionário Priberam define o termo "associação" como o ato de conexão, ou de unir duas coisas em busca de um princípio comum. Em termos de associação mental, isso representa uma ligação entre dois significados diferentes, mas não totalmente afastados um do outro. Ou seja, uma coisa que lhe fará lembrar outra por meio de um processo de memorização interconectado.

Vamos a um exemplo prático:

Você está voltando de sua tradicional aula de Direito e passa próximo a um banco. Neste exato momento, você se lembra que esqueceu de pagar suas contas atrasadas.

Isso acontece porque você geralmente paga as contas naquele banco específico e logo surge a associação mental: banco = contas atrasadas.

Fazemos associações desse tipo o tempo todo e na maioria das vezes sem perceber. Se eu lhe perguntasse sobre a primeira coisa que vem à sua mente quando falo o nome "Oscar Schmidt", você provavelmente se lembrará de basquetebol. O elemento primário (o sujeito chamado Oscar) liga-se a um elemento secundário (o esporte basquete). Oscar = basquetebol. Esse é um exemplo de associação direta e relativamente simples, mas existem outros tipos de associações compostas e muito mais complexas.

Você pode fazer associações simples para poder aumentar o seu poder de memória. Vamos analisar uma situação:

Digamos que você encontre uma pessoa na rua e descubra que ela se chama **Alvim Machado**. Esse não é um nome comum e, para não esquecê-lo, você o associa a **Alvin, o esquilo** (personagem de um filme de animação).

Imagine **Alvin, o esquilo** com um **machado** cortando a cabeça daquela pessoa. É uma imagem estranha, eu sei, mas, toda vez que você vir esse homem, lembrará do seu nome.

Terceiro princípio: Localização

O que você faz quando perde algum objeto? A maioria das pessoas refaz o seu itinerário em busca do último momento em que o viu. Esse é um bom exemplo do uso da técnica de Localização. Nossa memória é muito eficiente ao lembrar de lugares e situações em que estivemos.

Outro exemplo: se lhe peço que me diga como estava vestido no domingo, você provavelmente não saberá me responder de modo imediato. Mas se você começar a pensar onde estava naquele dia e o que estava fazendo, é bem provável que se lembre também das roupas que estava vestindo. Isso tudo acontece porque os locais servem como pontos de armazenamento da memória e permitem a evocação dessas informações. Cada local funciona como uma gaveta em que cada informação é depositada para, tempos depois, ser consultada. Isso reforça a importância do contexto e da recriação de cenários quando falamos em memorização. Nossa memória não é composta por coisas isoladas em caixas fechadas, mas de inúmeras conexões que unem objetos, locais, falas, gostos e cheiros.

Vamos fazer uma experiência simples:

Vou pedir para você imaginar que está dando uma volta por sua casa. Tenho certeza de que você fará isso facilmente, lembrando-se de pontos bem específicos.

Aliás, esse é um exercício muito eficaz para praticar a memorização. Faça giros mentais ao redor de lugares conhecidos, como a sua escola, o seu trabalho ou o seu bairro.

Quarto princípio: Repetição

O princípio da Repetição é um bom aliado para se ter uma boa memória, principalmente quando se trata da memória de longo prazo.

Quem nunca memorizou um número de telefone de tanto repeti-lo, a data de aniversário de casamento, ou, ainda, os nomes dos integrantes da banda favorita?

Uma técnica simples que gosto de usar para memorizar o nome de uma pessoa consiste em repetir o nome dela 3 vezes. Eis um exemplo prático:

Imagine que eu esteja na fila do banco e comece a conversar com um desconhecido. O papo rola por quinze minutos até o momento de meu atendimento. Educadamente, antes de me despedir, pergunto o seu nome; digamos que ele se chame **Ismael**. Sabendo o seu nome, procuro repeti-lo três vezes:

"É **Ismael** o seu nome?"
"Que legal, meu irmão também se chama **Ismael**."
"Foi um prazer te conhecer, **Ismael**."

É provável que o seu irmão não se chame Ismael, por isso você pode usar qualquer frase que achar mais pertinente – o importante é repetir, no mínimo, três vezes. Pratique essa técnica no seu dia a dia, especialmente na próxima vez que conhecer alguém.

MÉTODO JOHN PLACE

"Pela repetição se captura o conhecimento."
Autor desconhecido

Já pensou se você pudesse memorizar, na íntegra, o assunto cobrado na prova da faculdade? E se fosse possível estudar qualquer matéria e guardar qualquer tipo de conteúdo de maneira incrivelmente potencializada?

John Place fez isso. Na faculdade, ele memorizou sete capítulos (mais de 23 mil palavras) de seu livro texto de Psicologia.

Place atingiu um nível tão complexo de memorização que era capaz de dizer de cor todos os longos capítulos. Para atingir esse nível de memorização, Place focou em duas questões expostas por seu professor: que nenhum aluno jamais tirara a nota máxima em suas provas e que todas as respostas estavam nos sete capítulos do livro.

Disposto a superar os seus colegas, Place aceitou o desafio de decorar todo o conteúdo da prova. Não é uma tarefa fácil e nem todo estudante precisa ou deseja aprender tanto de uma só vez. A lição ensinada por Place é que a repetição pode ser uma arma poderosa dentro dos esforços de memorização.

Seu método divide-se em cinco passos:

Passo 1 – Use um editor de textos, lápis ou marcadores para subdividir, em períodos menores, o texto a ser decorado.

Passo 2 – Isole-se em um ambiente silencioso e concentre-se diante do material selecionado.

Passo 3 – Leia a primeira frase em voz alta e em seguida a repita de olhos fechados. Retorne ao conteúdo e repita mais uma vez em voz alta.

Passo 4 – Repita o procedimento, agora com as duas primeiras frases.

Passo 5 – Repita as demais frases, progressivamente, até que seja possível dizê-las sem consultar as suas anotações.

Após cada rodada de memorização, o autor sugere que se reserve um tempo para um pequeno sono ou uma pausa de regeneração. Vale lembrar que essas são memórias frágeis e que, com a ajuda do sono, podem ficar mais bem registradas na mente. Recomenda-se que o estudante repita os cinco passos ao acordar[6].

---

6. Você pode saber mais sobre o método de Place no site: https://www.johnplaceonline.com/study-smarter/how-to-memorize-anything/

VAMOS PRATICAR!

Exercício 1:

Agora é a sua vez de testar o Método John Place. Realize, no texto abaixo, os cinco passos que ensinei e, depois, o reescreva:

"O Direito Constitucional tem por objeto o sistema de regras referentes à organização do Estado, no tocante à distribuição das esferas de competência do poder político, assim como no concernente aos direitos fundamentais dos indivíduos para com o Estado, ou como membros da comunidade política"[7] (Miguel Reale).

---

[7]. Texto disponível em: https://segredosdeconcurso.com.br/resumo-de-direito-constitucional/.

ACRÔNIMO E ACRÓSTICO

"Pare de se contentar com menos do que merece." **Hal Elrod**

As técnicas que vou apresentar agora podem ser usadas no auxílio da memorização, utilizando as primeiras letras das palavras a serem memorizadas. As duas técnicas que vamos aprender são os acrônimos e os acrósticos. Essas duas técnicas são bem populares e usadas em algumas escolas para auxiliar no aprendizado.

Acrônimo

Acrônimo é a palavra que se forma pela junção das primeiras letras ou das sílabas iniciais de um grupo de palavras. Por exemplo: as palavras "**O**bjeto **V**oador **N**ão **I**dentificado" formam o acrônimo **OVNI**.

Se você pesquisar na internet, encontrará muitos acrônimos utilizados na memorização, mas o ideal é criar o seu próprio acrônimo.

Imagine que você deseje memorizar o nome dos seus novos colegas de trabalho. Eles se chamam: **D**ouglas, **I**smael, **R**osana, **E**duardo, **I**sac, **T**iago e **O**svaldo. Nesse caso, você pode criar o acrônimo **DIREITO** para uma melhor memorização.

Essa é uma técnica que uso com regularidade. Sempre procuro, nas letras iniciais de cada palavra, uma maneira de formar uma nova palavra para memorizar determinado assunto. Funciona muito bem para mim e, certamente, será muito útil para você.

Acróstico

O acróstico é parecido com o acrônimo. A principal diferença é que ele consiste na criação de frases usando palavras cujas iniciais sejam as mesmas dos nomes a serem lembrados.

Por exemplo: você foi contratado para ser supervisor de uma loja e quer memorizar os nomes dos funcionários. Digamos que eles se chamem **T**omas, **C**arlos, **D**iego e **M**aria.

Nesse caso, você deverá formar uma frase em que cada letra inicial das palavras represente a inicial do nome de cada funcionário: **T**omar **C**afé **D**a **M**anhã.

Essa foi uma breve explicação de como você pode utilizar a técnica dos acrônimos e dos acrósticos. Você encontrará mais informações no capítulo 4, em que mostrarei como usar os acrônimos nos estudos para concursos e provas dentro do universo do Direito.

VAMOS PRATICAR!

Exercício 1

Neste exercício, você terá de criar um acrônimo para as palavras que destaquei abaixo:

Digamos que você tenha de estudar os tipos de vasos sanguíneos: **veias, artérias** e **capilares**. Crie um acrônimo para memorizá-los.

Exercício 2

Neste exercício, você terá de criar um acróstico com a lista de nomes que eu coloquei na historinha abaixo:

Imagine que você é gerente de uma loja de roupas. Os membros de sua equipe são: Paulo, Leandro, Melissa, Ismael, Rafael e Sávio. Você tem uma palestra e não quer esquecer os nomes deles, por isso decide criar um acróstico para não decepcioná-los.

LINKS, ANDAIME OU GATILHO

"A melhor maneira de prever o futuro é criá-lo." **Peter Drucker**

A Técnica dos Links, também conhecida como Andaime ou Gatilho, tem como princípios a associação e a imaginação. Ela funciona muito bem porque há uma ligação mental entre duas coisas diferentes, sendo que uma imagem serve de gatilho para a outra – eis o motivo do nome.

Preste atenção e certifique-se de aprender muito bem a técnica. Ela é fundamental para o bom desenvolvimento de sua memória.

Quando for usar a Técnica dos Links e criar seu quadro mental associando os itens utilize a técnica ASOVE.

Ação. Em vez de imaginar suas associações imóveis e sem vida, adicione uma boa dose de ação nos itens que devem ser memorizados. Imagine as associações em movimento, como num filme ou numa série de ação. Adicione cores.

Substituição. No momento de fazer suas associações, substitua os itens originais por imagens que podem ser mais fáceis de memorizar. Busque imagens familiares ou ligadas à sua memória afetiva.

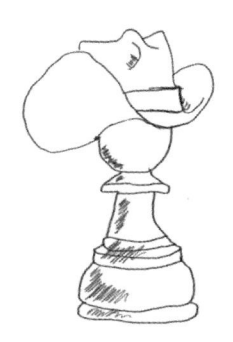

fOra de proporção. Imagine os seus itens completamente fora de proporção: ou muito grandes ou muito pequenos.

Violência. Poucas coisas chamam mais a nossa atenção do que a violência. Quanto mais selvagem, violenta, extrema e louca for a ação, mais provável que os itens serão lembrados.

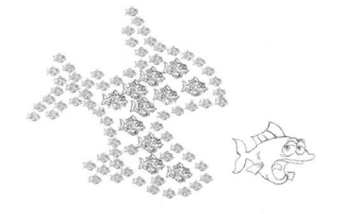

Exagero. Imagine um cenário completamente exagerado. Em vez de pensar em apenas um item, imagine centenas, e porque não milhares de itens.

Para usar a Técnica dos Links, basta associar duas informações de maneira que uma sempre lembre a outra e assim sucessivamente.

Vamos a um exemplo para você entender melhor: suponha que você precise fazer uma compra e tenha o costume de escrever os itens em uma lista. Porém, desta vez, você quer memorizá-los.

Nesta lista de compras, encontram-se os seguintes itens:

1. Vassoura	2. Bola
3. Peixe	4. Arroz
5. Maçã	6. Escada
7. Pneu	8. Faca
9. Guarda-chuva	10. Abajur
11. Lâmpada	12. Salsicha
13. Colher	14. Televisão
15. Papel higiênico	16. Caderno
17. Escova de dente	18. Banana
19. Caju	20. Espelho

Com a lista dos vinte itens em mãos, basta usar a imaginação e fazer uma ligação (vínculo) entre o primeiro e o segundo item entre o segundo e o terceiro, e assim por diante, de maneira que o item antecedente sempre lembre o seguinte.

Para facilitar o aprendizado, associarei os quatro primeiros itens da lista: vassoura, bola, peixe e arroz. Vejamos:

Vassoura e bola

Feche os olhos e imagine uma vassoura jogando bola. As vassouras vestidas com a tradicional camisa da seleção brasileira realizando jogadas incríveis! Sinta-se no local, imagine-se na arquibancada assistindo a esse jogo.

Bola e peixe

Agora, imagine uma bola gigante caindo e esmagando um peixe que estava no chão se debatendo. Não crie a imagem de uma bola qualquer – imagine uma bola gigante de pedra, caindo pesadamente sobre um pobre e indefeso peixe.

Peixe e arroz

Dessa vez, você vai imaginar um peixe bem grande comendo arroz. Ele come e, depois, vomita. Imagine essa cena da maneira mais nojenta possível.

Se você, utilizando a técnica ASOVE, conseguiu fazer uma ligação forte entre as imagens, será capaz de lembrar-se da lista facilmente.

Perceba, ainda, que se você tiver feito tudo certo e se lembrar do último item, lembrará da lista de trás para a frente. Um exemplo: ao lembrar do arroz, verá a imagem dele comido e vomitado por um peixe; quanto ao peixe, virá à mente a imagem dele sendo esmagado por uma bola; ao lembrar da bola, lembrará da vassoura jogando bola. Tudo faz parte de uma sequência!

VAMOS PRATICAR!

Exercício 1:

Neste exercício, reproduzi a lista de compras para você continuar a memorizá-la. Associe os itens até que estejam todos na sua memória.

1. Vassoura	2. Bola
3. Peixe	4. Arroz
5. Maçã	6. Escada
7. Pneu	8. Faca
9. Guarda-chuva	10. Abajur
11. Lâmpada	12. Salsicha
13. Colher	14. Televisão
15. Papel higiênico	16. Caderno
17. Escova de dente	18. Banana
19. Caju	20. Espelho

MAPAS MENTAIS

"Mapas Mentais são ferramentas de pensamento que permitem refletir exteriormente o que se passa na mente. É uma forma de organizar os pensamentos e utilizar ao máximo as capacidades mentais." **Tony Buzan**

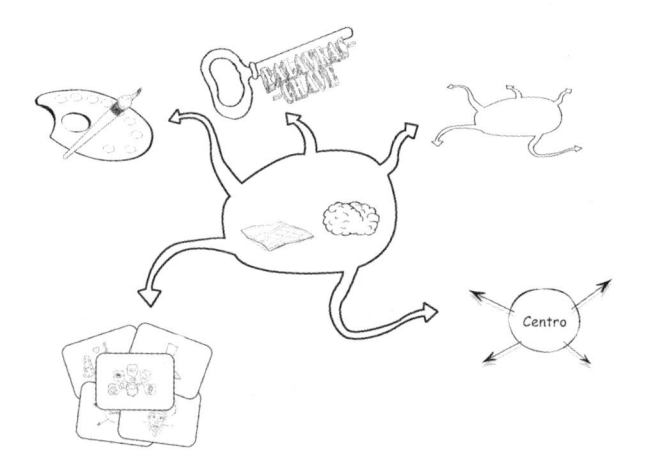

Tony Buzan, psicólogo britânico falecido em abril de 2019, foi um dos inventores da técnica de Mapas Mentais e autor de vários livros sobre memória e aprendizagem.

Ele difundiu essa prática ao redor do mundo, palestrando sobre aprendizado nas melhores instituições de ensino e empresas nos cinco continentes. Seu trabalho serve como referência para todos os interessados em memorização e aprimoramento mental.

Um Mapa Mental é uma ferramenta que permite memorização, organização e representação de um conjunto de informações com o propósito de facilitar os processos de aprendizagem. Tal qual um mapa, esse método cria etapas lógicas para que qualquer pessoa consiga não apenas memorizar qualquer conteúdo complexo, mas ainda associá-lo a outros padrões informativos.

Segundo Buzan, o Mapa Mental é desenhado como um neurônio e projetado para estimular o cérebro a trabalhar com mais rapidez e eficiência, empregando um processo que a nossa mente já utiliza de forma natural.

Os Mapas Mentais, segundo o autor, podem ser usados para qualquer propósito na vida. Mas, como nosso foco é a memorização para provas e concursos, especialmente no campo do Direito, recomendamos que sejam utilizados para leitura, revisão de conteúdos, anotações, desenvolvimento de ideias criativas e outras ações práticas.

Como fazer os seus próprios Mapas Mentais?

A Técnica dos Mapas Mentais é de fácil compreensão. Por meio de cinco passos, você criará os seus Mapas Mentais como um especialista. Vamos a eles:

Passo 1 – Crie uma ideia central
O primeiro passo para criar um Mapa Mental eficiente é escolher com cuidado sua ideia central. Ela é o ponto de partida do seu mapa mental e representa o assunto que será abordado.

A ideia central deve incluir uma imagem que represente o tema do Mapa Mental.

Sabemos bem que o nosso cérebro responde melhor aos estímulos visuais, portanto, a imagem ou o desenho deverá ser chamativo e de fácil interpretação.

Passo 2 – Adicione ramos
Com base na ideia central, adicione ramos, assim como em uma árvore com galhos e bifurcações. As ramificações ajudarão na elaboração de suas ideias.

Sabemos também que o cérebro gosta de associações, portanto, você deverá conectar fortemente as ramificações à ideia central.

Fique atento: cada ramificação deverá ser criada em curva, nunca em linha reta, criando um mapa mental mais atrativo e dinâmico.

Passo 3 – Adicione palavras-chave

Como explicado no capítulo 2, a palavra-chave resume os temas principais de um texto. Em cada ramificação, você pode escrever uma palavra-chave que esteja associada ao assunto proposto. As vantagens de se utilizar apenas uma palavra por ramo são as possibilidades de definir a essência dos assuntos e de tornar o trabalho menos cansativo.

Mas isso não é uma regra, você pode usar mais de uma palavra no seu Mapa Mental. Quando quero memorizar todo o conteúdo de um artigo, faço os meus Mapas Mentais com mais de uma palavra. Veja os Mapas Mentais dos exemplos mais adiante.

Passo 4 – Use cores diferentes

Quanto mais colorida a imagem, mais fácil de ser memorizada. Cores estimulam a percepção visual e facilitam o trabalho do cérebro. Tente usar o máximo de cores diferentes, criando a sua própria codificação de tons.

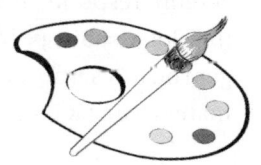

Quanto mais tempo gastamos colorindo e criando novas informações, mais conteúdo nosso cérebro é capaz de armazenar.

Compre lápis de cor e pinte os seus Mapas Mentais. Além de ajudar na memorização, é também bem divertido.

Passo 5 – Use imagens

Já dizia o ditado: uma imagem pode transmitir muito mais informações do que mil palavras. Ou seja, uma imagem pode transmitir muito mais informações que um texto escrito. Por exemplo, qual dessas palavras você memorizaria com mais facilidade: "avião" ou "melhor"? Provavelmente, você respondeu "avião", pois a palavra avião induz à visualização de uma imagem. Já a palavra "melhor", que é um adjetivo, não remete a uma ideia clara, sendo muito abstrata.

É importante lembrar que as imagens não devem substituir as informações escritas e, sim, agregar a força de evocação.

Se você não desenha bem, não se preocupe: isso não é empecilho para a criação do seu Mapa Mental. Não é preciso ser nenhum artista para desenhar os mapas. Os desenhos devem ser simples, podendo ser realizados por qualquer pessoa.

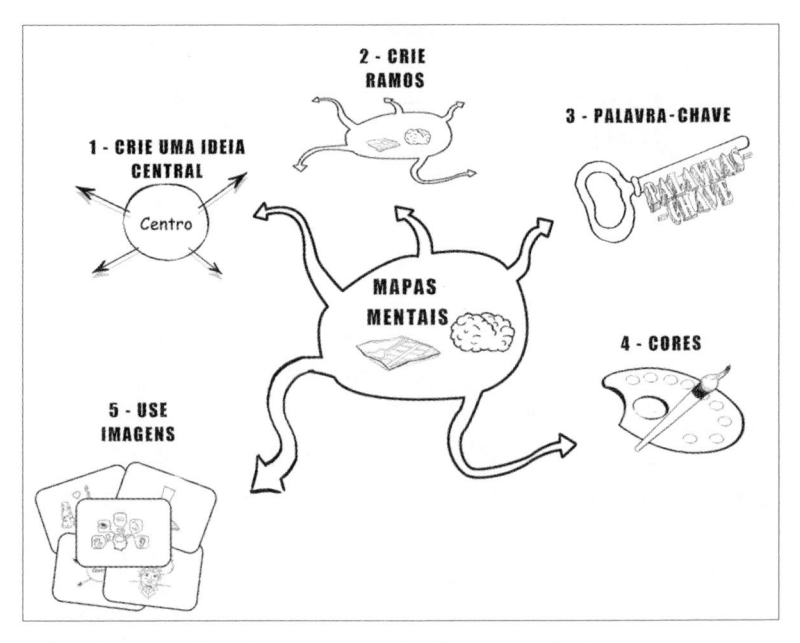

Este é um Mapa Mental com o resumo dos 5 passos ensinados anteriormente.

Outras dicas importantes para os seus Mapas Mentais

Faça um cabeçalho dos seus Mapas Mentais, com a matéria, a data e a numeração, quando estiverem em um mesmo assunto. Ele irá ajudá-lo na organização dos mapas.

Abrevie as palavras quando elas forem grandes demais e não couberem na folha de papel.

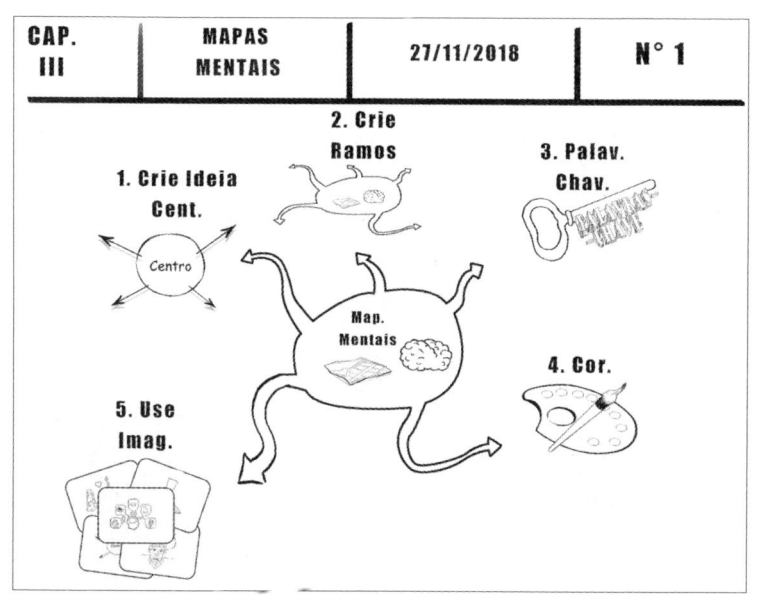

| CAP. III | MAPAS MENTAIS | 27/11/2018 | N° 1 |

1. Crie Ideia Cent.
2. Crie Ramos
3. Palav. Chav.
4. Cor.
5. Use Imag.

Exemplo de Mapa Mental com cabeçalho e palavras abreviadas.

Ferramentas para fazer os seus próprios Mapas Mentais

Há duas maneiras de fazer os Mapas Mentais. Você pode desenhá-los criando tudo de modo manual e personalizado. Para isso, vai precisar apenas de uma folha A4, caneta ou lápis, lápis de cor, giz de cera ou canetinhas coloridas. A vantagem de desenhar os Mapas Mentais é que você consegue fazê-los mais rapidamente, abusando de sua criatividade.

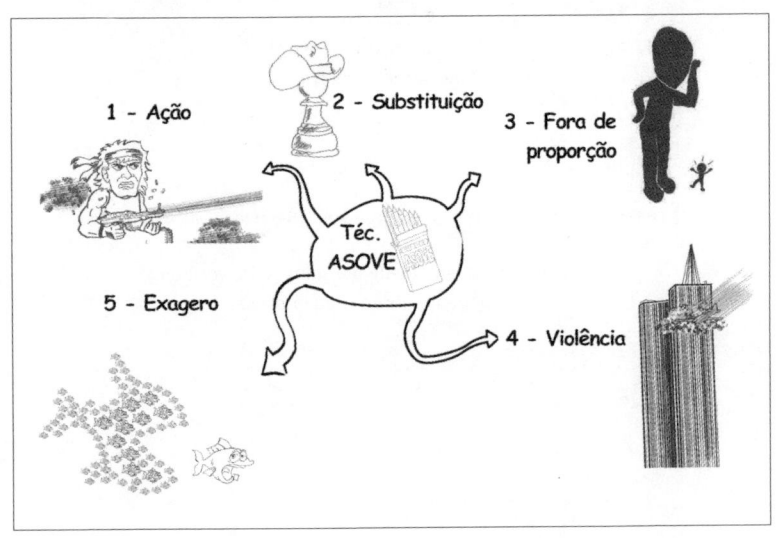

Exemplo de Mapa Mental com ilustrações feito manualmente.

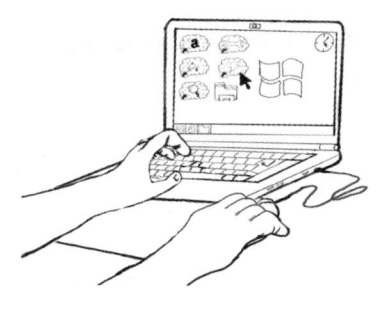

Outra maneira de elaborar os mapas é utilizando um computador. Hoje existem vários programas, gratuitos e pagos, com os quais é possível criar Mapas Mentais eficientes em poucos cliques. Particularmente, já utilizei o Power Point e o popularíssimo Word. Você poderá utilizar o Google para buscar imagens de acordo com a palavra-chave que deseja representar em seu mapa.

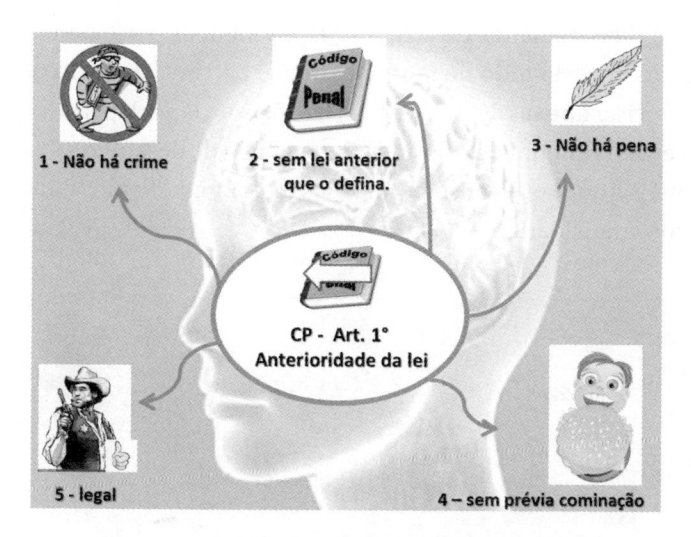

Exemplo de Mapa Mental feito por mim no Power Point, com imagens retiradas da internet.

VAMOS PRATICAR!

Exercício 1:

Neste exercício, você terá de criar o seu próprio Mapa Mental. Deixei a página em branco para que você possa fazê-lo livremente.

O PALÁCIO DA MEMÓRIA

"Nunca ande pelo caminho traçado, pois ele conduz somente até onde os outros foram!"
Alexander Graham Bell

A Técnica do Palácio da Memória também é conhecida como Jornada Mental ou Método Loci. Ela é uma das técnicas mais poderosas que conheço, uma vez que utiliza todos os princípios essenciais da memorização: imaginação, associação, localização e repetição. Não é apenas eficaz, mas também divertida e bem fácil de aprender.

Essa técnica foi amplamente utilizada pelos grandes oradores da antiguidade para fazer longos e complexos discursos de cabeça. Foi criada pelo poeta grego Simónides de Ceos, no século V antes de Cristo, após um grave acidente. Diz a história que, certa vez, o poeta estava discursando durante um banquete, quando o palácio em que se encontrava desabou.

O poeta foi o único sobrevivente e conseguiu se lembrar dos nomes de todos os mortos por meio da recordação dos lugares que eles ocupavam na mesa do banquete. Dessa forma, o sábio concluiu que associar o que se procura lembrar a um local específico melhora consideravelmente a memória.

O que é o Palácio da Memória? É a sua casa, a rua em que você mora, a faculdade onde estuda, uma praça ou qualquer lugar que você conheça bem. Esses serão os locais em que você utilizará o conceito de palácio para memorizar qualquer tipo de informação que lhe interesse, desde uma simples lista de compras até uma complexa lista de leis.

Vamos definir cinco etapas de maneira simples e resumida para você construir o seu próprio Palácio da Memória:

Primeira etapa: escolha o seu palácio

O primeiro passo a ser feito é escolher seu Palácio da Memória. Pode ser a sua casa, o seu ambiente de trabalho, a casa da sua vó ou o caminho que você faz diariamente para ir à escola. Você poderá criá-lo como bem entender, mas recomendo desde já que crie essa imagem mental baseando-se em um local que conheça bem. Quanto mais detalhes você puder incluir em seu palácio, mais lugares terá para guardar as futuras informações.

Segunda etapa: defina uma rota

Depois de escolhido o palácio você deverá traçar a sua rota pessoal, definindo um local de início e um ponto final para sua jornada mental.

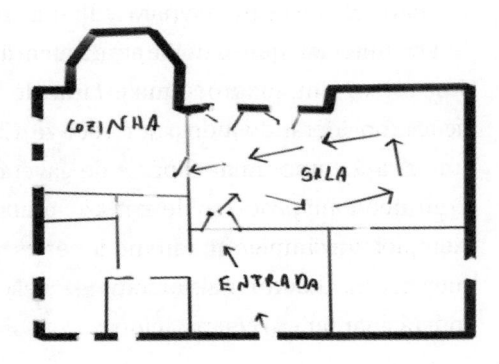

Por exemplo: se o local escolhido for a sua casa, crie um caminho detalhado, partindo do portão (local inicial) até o quintal (ponto final).

Importante: esse será sempre o trajeto que você irá percorrer em sua mente quando quiser memorizar algo, portanto, crie algo familiar e fácil de ser lembrado.

Terceira etapa: identifique locais específicos

Neste momento, você deverá dedicar total atenção aos detalhes do local escolhido. Pense como cada elemento está disposto. O que há depois do portão? O que há no primeiro cômodo? E depois dele?

Avalie, com atenção, a sala escolhida. Defina um método de análise, partindo da esquerda para a direita ou vice-versa.

Pergunte-se o que mais lhe atrai a atenção. O que há no ambiente? Uma mesa? Um quadro? Uma estante de livros? Faça as suas anotações considerando tudo o que você vê. Cada ponto dessa imagem funcionará como uma "espécie de gaveta", para ser evocado posteriormente no processo de armazenamento de informações. Por exemplo: um simples quadro pode ser usado para memorizar uma informação. Quanto mais objetos você escolher, mais informações poderá guardar em seu palácio.

Quarta etapa: associação

Suponhamos que o seu palácio da memória seja a sua casa e que você queira memorizar uma lista de compras com dez itens: pão, chinelo, pá, leite, macarrão, telefone, uva, quadro, banana e escova.

Transporte-se mentalmente para o seu Palácio da Memória. A primeira coisa que você vê em sua mente é a porta da frente da sua casa. Agora, de uma forma absurda, imagine um grande pão assassino, com dentes enormes, querendo comer você. Você terá de passar por ele para entrar na sua casa, sentirá o seu cheiro e terá a vontade de comê-lo. Você comerá o pão assassino. Ele é macio e saboroso.

Agora, abra a porta e continue caminhando, seguindo o roteiro exato que você definiu anteriormente. Olhe para o próximo objeto distintivo e associe-o com o segundo item a ser memorizado.

O próximo item da lista é o chinelo, e a segunda coisa da casa é o sofá. Imagine que o sofá tem grandes pés e que está usando um grande chinelo engraçado, todo colorido (lembre-se de utilizar o "ASOVE" ensinado no capítulo 2 para melhorar a sua memorização!).

Quinta etapa: repetição

Nesta etapa, terminamos um dos módulos de memorização. Porém, se você está iniciando essa técnica, possivelmente precisará repetir os passos propostos na sua jornada pelo Palácio da Memória.

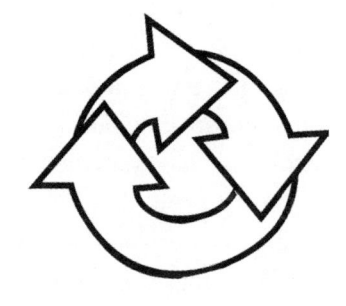

Caso você inicie sempre no mesmo ponto, seguindo o mesmo caminho, os itens selecionados para serem memorizados virão à sua mente de modo instantâneo, desde que você observe os elementos ao redor.

Siga todo o percurso, do começo ao fim, mantendo o foco nos recursos e revivendo cada cena mentalmente. Ao chegar ao final, vire-se e retorne ao ponto de partida.

Uma dica fundamental: para memorizar muitos temas, garantindo que eles fiquem em sua memória, realize revisões de tempos em tempos. Para mudar as informações a serem armazenadas, basta apagar os dados criados em seu Palácio da Memória e substituí-los por outros de sua preferência.

O processo é sempre o mesmo; portanto, basta manter a associação de imagens até que não haja mais itens para memorizar.

VAMOS PRATICAR!

Exercício 1:

Sua meta neste exercício é criar o seu próprio Palácio da Memória. Preencha os espaços em branco com vinte locais de sua casa.

1 – Portão	11
2	12
3	13
4	14
5	15
6	16
7	17
8	18
9	19
10	20

Exercício 2:

A essa altura você já sabe o que fazer... Neste exercício, deixei os itens restantes da lista de compras e mais alguns, para que você associe aos vinte locais que você criou no exercício 1.

1 – Pão	11 – Abajur
2 – Chinelo	12 – Avião
3 – Pá	13 – Tijolo
4 – Leite	14 – Carro
5 – Macarrão	15 – Jumento
6 – Telefone	16 – Geladeira
7 – Uva	17 – Futebol
8 – Quadro	18 – Deserto
9 – Banana	19 – Triângulo
10 – Escova	20 – Tiradentes

ALFABETO FONÉTICO

"Eu odiava cada minuto dos treinos, mas dizia para mim mesmo: Não desista! Sofra agora e viva o resto de sua vida como um campeão." **Muhammad Ali**

A técnica do Alfabeto Fonético é antiga, desenvolvida inicialmente pelo alemão Stanislaus Mink von Wennsshein, em 1648. Ao longo do tempo, a técnica foi modificada, ganhando novos formatos.

O Alfabeto Fonético possui diversas formas de ser empregado. A forma que uso aprendi num curso de memorização, me adaptei a essa variação do Alfabeto Fonético e utilizo até hoje. É bom lembrar que algumas pessoas preferem utilizar a técnica a seu modo. Se esse for o seu caso, use o método da forma que lhe for mais confortável.

Agora veremos as etapas necessárias para fazer o aprendizado da técnica mais fácil e intuitivo. Confira:

Primeira etapa: o primeiro passo a ser feito é transformar os números de 0 a 9 em Alfabeto Fonético, ou seja, cada número será representado por uma ou mais consoantes. Você verá que é algo relativamente simples e só leva alguns minutos para ser feito.

Porém, apesar de simples, é uma poderosa técnica e que vai lhe auxiliar quando o assunto é memorizar. Lembre-se que cada lista é única, portanto, o exemplo apresentado aqui é de uso pessoal. O ideal é que você crie o seu próprio Alfabeto Fonético.

Na lista abaixo constam os números e suas respectivas consoantes. Leia atentamente e busque criar os vínculos:

Número	Consoante correspondente
0	O número 0 será representado pelas consoantes R ou Z, pois as duas consoantes formam a palavra ZeRo.
1	O número 1 será representado pela consoante T ou D, pois T tem apenas 1 perna ou também porque tem apenas uma haste.
2	O número 2 será representado pela consoante N, pois N tem duas pernas e também 2 virado parece o N.
3	O número 3 será representado pela consoante M, pois o M virado se parece com 3.
4	O número 4 será representado pela consoante C, pois cachorro começa com C e possui quatro patas.
5	O número 5 será representado pela consoante L, pois a letra "L" é 50 em algarismos romanos.
6	O número 6 será representado pelas consoantes S, C ou X por causa do som das consoantes ser parecido com a expressão "Seisssss".
7	O número 7 será representado pelas consoantes F ou V, pois o 7 se parece com a letra F.
8	O número 8 será representado pelas consoantes G ou J, pois o "g" minúsculo lembra o número 8.
9	O número 9 será representado pelas consoantes p ou b, pelo formato do 9.

VAMOS PRATICAR!

Exercício 1

Terminamos a primeira etapa, agora é hora de praticar. Escreva as consoantes correspondentes aos números de 0 a 9. Só inicie uma nova fase depois de ter realizado a associação entre números e letras:

0	5
1	6
2	7
3	8
4	9

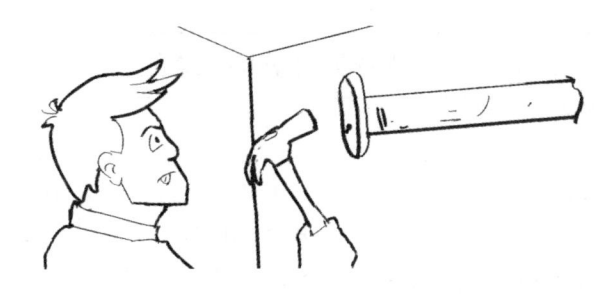

Segunda etapa: logo após associar cada algarismo com a sua letra, você poderá criar os primeiros "pregos" – palavras de fixação do conteúdo a ser memorizado.

Não se esqueça: quando for desenvolver as suas palavras de fixação, você vai usar apenas consoantes, as demais letras deverão ser todas vogais, e essas vogais serão neutras. Vamos a um exemplo:

Primeiro você deverá transformar o número na consoante, conforme aprendido na primeira etapa. O número 1 é representado pela letra T, depois você deverá formar o restante das palavras apenas como vogais, formamos então a palavra **TEIA**, que representará o número.

Para lhe ajudar deixei as minhas primeiras nove palavras de fixação abaixo:

1. **TEIA**. Para mim, a palavra **TEIA** representa o número 1.
2. **NEO**. A palavra **NEO** representa o número 2. Para quem não conhece, é o **NEO** do filme Matrix (veja uma foto dele na internet se for preciso). 
3. **MÃO**. A palavra **MÃO** representa o número 3.
4. **CÃO**. A palavra **CÃO** representa o número 4.
5. **LUA**. O número 5 será representado pela palavra **LUA**.
6. **ASA**. A palavra **ASA** representa o número 6.

7. **FIO**. A palavra **FIO** representa o número 7.
8. **ÁGUA**. O número 8 é representado pela palavra **ÁGUA**.
9. **PEÃO**. A palavra **PEÃO** representa o número 9.

Essa é minha lista pessoal de palavras de fixação para os números de um dígito. Para criar a palavra de fixação para números de dois dígitos, basta fazer a mesma coisa ensinada no exemplo anterior, substituindo os números pelas consoantes do alfabeto fonético. Veja o exemplo:

10. **TOURO** (T + R). A partir deste momento, a palavra **TOURO** sempre representará o número 10 para você.
11. **TETA** (T + T). **TETA** representará, a partir de hoje, o número 11 para você.

Se tiver dificuldade em criar uma imagem mental das palavras de fixação, experimente ver uma foto do objeto na internet, por exemplo.

Ao criar sua palavra de fixação, sempre exagere no tamanho, invista nas cores e jamais crie um objeto comum. Quanto mais ousado for o seu quadro mental, mais fácil será a memorização. E detalhe: tente usar sempre a mesma palavra de fixação para o mesmo número.

Você deverá estudar essas palavras de fixação até que a associação do número e a palavra de fixação ocorram de modo automático. Se tiver um número, pense primeiro na consoante correspondente a cada algarismo para depois se lembrar da palavra de fixação.

VAMOS PRATICAR!

Exercício 2

É a sua vez de praticar. Irei disponibilizar uma lista de números para que você complete com a palavra correta:

12. T + N:

13. T + M:

14. T + C:

15. T + L:

16. T + S:

17. T + F:

18. T + G:

19. T + B:

20. N + R:

Para começar o trabalho, você possui onze palavras-gancho com a soma de mais nove palavras; caso tenha realizado todo o exercício proposto, você terá um total de vinte palavras. É importante passar para a próxima fase apenas com as palavras devidamente fixadas. Não tem fórmula mágica, é prática!

Terceira etapa: está ansioso para testar o alfabeto fonético em sua jornada de memorização? Não se preocupe, nesta etapa você irá aprender como utilizar as palavras de fixação criadas anteriormente. Essas palavras servirão agora como ferramentas para que você possa se lembrar de qualquer tema que deseje memorizar. Para isso, basta associar aquilo que você queira memorizar com as palavras de fixação.

Ainda com dúvida? Vamos a um exercício prático: vou deixar uma lista com dez objetos. Usando as palavras de fixação, você deverá associá-las ao seu respectivo número.

1 – Lápis	6 – Pão
2 – Martelo	7 – Tênis
3 – Chinelo	8 – Relógio
4 – Cigarro	9 – Carro
5 – TV	10 – Celular

Para lhe ajudar, vou fazer as primeiras associações. Preste atenção!

O primeiro objeto da lista que vamos memorizar é o CARRO. Aqui, criaremos uma associação pouco comum entre CARRO e a palavra de fixação para o número 9, que é PEÃO. Forme uma imagem para essa associação. Pode ser a imagem de um PEÃO, em cima de seu CARRO em um rodeio, tentando ficar oito segundos equilibrado. Visualize essa cena brevemente e mude para a seguinte.

4 – CIGARRO. A palavra de fixação para o número 4 é CÃO. Forme a seguinte imagem mental: você fuma um enorme CÃO no lu-

gar do cigarro ou, então, há um CÃO fumando um cigarro. Crie essa imagem mentalmente com todos os detalhes.

6 – PÃO. A palavra de fixação para o número 6 é ASA. Imagine-se devorando um PÃO com uma ASA dentro dele. Recrie todos os sentidos envolvidos. Foque no PÃO, exagerando na cor e no tamanho.

3 – CHINELO. Imagine que você está em uma rua e todos ao redor estão usando um CHINELO na MÃO. É uma cena hilária. Recrie-a com detalhes em sua mente.

VAMOS PRATICAR!

Exercício 3

Agora é a sua vez. Deixarei as seis últimas palavras para você relacionar com os seus respectivos números. Vamos lá, utilize a sua criatividade! É fácil, você irá conseguir.

1 – Lápis	6 – Pão
2 – Martelo	7 – Tênis
3 – Chinelo	8 – Relógio
4 – Cigarro	9 – Carro
5 – TV	10 – Celular

Conseguiu memorizar as seis palavras? Se a resposta for sim, parabéns! Você está utilizando a técnica da maneira correta. Mas se a resposta for não, não desanime! Talvez você não tenha treinado o suficiente ou não esteja compreendendo as dicas da maneira correta. Volte alguns capítulos e reveja o conteúdo.

Se até aqui você conseguiu compreender e memorizar o processo proposto, saiba que está em um estágio avançado, podendo memorizar palavras até então impossíveis para você.

Abaixo, deixei as cem palavras de fixação que utilizo nos meus estudos. Lembre-se de que você não é obrigado a utilizar a minha lista, você pode criar as suas próprias palavras.

1 – Teia	21 – Neto	41 – Coiote	61 – Seta	81 – Gato
2 – Neo	22 – Nenê	42 – Cano	62 – Sino	82 – Gina
3 – Mão	23 – Nemo	43 – Cama	63 – Sumô	83 – Gema
4 – Cão	24 – Nuca	44 – Coco	64 – Saco	84 – Goku
5 – Lua	25 – Nilo	45 – Cola	65 – Selo	85 – Galo
6 – Asa	26 – Nasa	46 – Casa	66 – Xuxa	86 – Gás
7 – Fio	27 – Navio	47 – Café	67 – Sofá	87 – Gavião
8 – Água	28 – Naja	48 – Cego	68 – Sega	88 – Guga
9 – Peão	29 – Nabo	49 – Cabo	69 – Sapo	89 – Gibi
10 – Touro	30 – Mar	50 – Louro	70 – Feira	90 – Pera
11 – Teta	31 – Mato	51 – Lata	71 – Fita	91 – Pato
12 – Tony	32 – Mina	52 – Lona	72 – Fone	92 – Pônei
13 – Time	33 – Múmia	53 – Lima	73 – Fumo	93 – Puma
14 – Taco	34 – Mico	54 – Louco	74 – Faca	94 – Paca
15 – Tela	35 – Mala	55 – Lula	75 – Fila	95 – Pelé
16 – Taça	36 – Mesa	56 – Lixo	76 – Fox	96 – Peixe
17 – Tufão	37 – Máfia	57 – Luva	77 – Fofão	97 – Pavão
18 – Toga	38 – Mago	58 – Lago	78 – Fogo	98 – Pig
19 – Tubo	39 – Mapa	59 – Lobo	79 – FBI	99 – Papa
20 – Nero	40 – Couro	60 – Siri	80 – Guru	100 – Terra

Outros sistemas

O Alfabeto Fonético tem outras variações que seguem a mesma premissa da forma explicada anteriormente, que é criar palavras de fixação pelo som ou pela forma do número. Esses sistemas serão bastante úteis quando formos criar mil palavras de fixação.

Sistemas por Rima

O Sistema por Rima é fácil: basta criar palavras que tenham o som parecido com o número que a palavra vai representar.
Vamos ao exemplo:
0 – Nero
1 – Atum
2 – Boi
3 – Chinês
4 – Rato
5 – Brinco
6 – Reis
7 – Gilete
8 – Biscoito
9 – *Short*
10 – Pastéis

Sistema pela Forma

No Sistema pela Forma, em vez de utilizar palavras de fixação pelo som, criamos palavras pela forma de cada número.
Vamos ao exemplo:
0 – Roda
1 – Arpão
2 – Ganso
3 – Coração
4 – Barco

5 – Gancho
6 – Cobra
7 – Foice
8 – Boneco de neve
9 – Taco de golfe

Mil palavras de fixação

Finalizadas as etapas anteriores, você já deve ter memorizado as cem palavras de fixação. Com o tempo e o frequente uso da Técnica do Alfabeto Fonético, cem palavras não serão suficientes e você terá de expandir o seu vocabulário. Se você seguir o processo de criação de palavras de fixação que ensinei anteriormente, além de gastar muito tempo, terá dificuldades para encontrar palavras que representem determinado número. Então, eu criei um método com o qual você poderá chegar a mil palavras de fixação de maneira mais rápida e fácil. Vamos aos passos!

Passo 1 – Inicie com uma lista de dez palavras para representar os números de 0 a 9 que não sejam as mesmas do Alfabeto Fonético. Pode ser a lista de palavras utilizando a forma dos números que ensinei anteriormente. Segue novamente:

0 – Roda   1 – Arpão   2 – Ganso   3 – Coração
4 – Barco   5 – Gancho   6 – Cobra   7 – Foice
8 – Boneco de neve   9 – Taco de golfe

A lista é apenas um exemplo que utilizo. Portanto, caso você não consiga relacionar essas palavras específicas aos devidos números, recomendo que crie listas com dez palavras diferentes, o que servirá da mesma forma para o nosso objetivo.

Passo 2 – Terminada a primeira etapa, você já deverá ter memorizado as dez palavras do seu sistema e, também, as cem palavras de fixação que representam os números de 1 a 100.

Suponhamos que você deseje memorizar o número 121. Para isso, basta pegar o número 12 do Alfabeto Fonético, que é a palavra de fixação **Tony**, mais o número/forma da lista de nomes que acabamos de criar, que será a palavra **Arpão**. Dessa forma, o número 121 será = **12** Tony + **1** Arpão.

Para evitar confusões, basta lembrar que a palavra do Alfabeto Fonético será sempre a primeira.

Seguem outros exemplos:

223 = **22** Nenê + **3** Coração
501 = **50** Louro + **1** Arpão
999 = **99** Papa + **9** Taco de golfe

Passo 3 – Superado o Passo 2 e agora que você aprendeu como combinar o Alfabeto Fonético com o sistema pela forma, para utilizar essa técnica bastará criar uma história envolvendo aquilo que você quer memorizar e seu respectivo número.

Suponhamos que você queira memorizar o art. 121 do Código Penal, que trata do crime de homicídio e que tem em seu texto a frase *Matar alguém*. Para isso, você deverá pegar a palavra representada pelo número 12, que, no caso do meu alfabeto, é **Tony**, e acrescentar a palavra que representa o número 1. No meu caso, eu uso a palavra **Arpão**. Feito isso, você deverá criar um quadro mental associando o conteúdo do art. 121 do CP com o nosso Alfabeto Fonético do número 121.

Vamos a um exemplo:

Imagine **Tony** Ramos (12) jogando um **Arpão** (1) no peito de uma pessoa, matando-a.

Pronto! Agora você tem a faca e o queijo na mão, podendo utilizar o Alfabeto Fonético e alcançar as mil palavras de fixação.

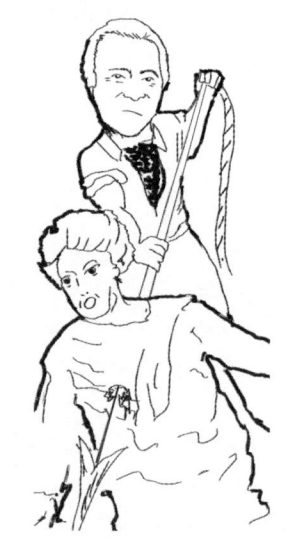

VAMOS PRATICAR!

Exercício 1

Neste exercício, deixei alguns números acima de 100 para que você possa associar com a respectiva palavra. Lembre-se de criar um quadro mental forte entre o número e a palavra!

223 = Espada
501 = Avião
999 = Carro

190 = Titanic
332 = Asfalto
664 = Tubarão

RESUMO DO CAPÍTULO 3

» Utilize os **4 Princípios da Memorização**: Imaginação, Associação, Localização e Repetição.

» Para aprender o **Método John Place**, siga os seguintes passos:

Passo 1 – Divida, em frases completas, qualquer texto.

Passo 2 – Leve as suas anotações para uma sala silenciosa.

Passo 3 – Leia a primeira frase em voz alta. Em seguida, feche os olhos e repita a frase.

Passo 4 – Repita o passo acima, agora com as duas primeiras frases.

Passo 5 – Repita o processo utilizando cada vez uma frase a mais.

» Quando precisamos recordar um conjunto de nomes, o **Acrônimo** é a ferramenta ideal. Basta pegar a primeira letra de cada nome e formar uma nova palavra.

» **Acróstico** é uma frase cujas palavras têm as mesmas iniciais dos termos a serem lembrados.

» A Técnica dos Links consiste na associação de imagens, sendo que uma sempre servirá como gancho para lembrar a próxima.

» Para aprender com os **Mapas Mentais** é fácil, basta seguir os cinco passos: 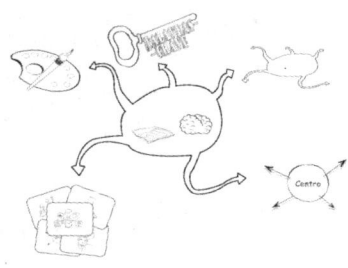
Passo 1 – Crie uma ideia central.
Passo 2 – Adicione ramos.
Passo 3 – Adicione Palavras-chave.
Passo 4 – Use cores diferentes.
Passo 5 – Use imagens.

» **O Palácio da Memória** usa basicamente o princípio da localização. Para aprendê-lo, basta seguir cinco etapas:
Primeira etapa: escolha o seu palácio.
Segunda etapa: defina uma rota.
Terceira etapa: identifique locais específicos.
Quarta etapa: faça associações.
Quinta etapa: repetição.

» Quando for memorizar números, o **Alfabeto Fonético** é uma das melhores técnicas e se divide em três etapas: 
Primeira etapa: o primeiro passo é aprender um Alfabeto Fonético simples, que consiste em dez fonemas.
Segunda etapa: depois de ter associado cada número à sua respectiva letra, crie as suas palavras de fixação.
Terceira etapa: associe as suas palavras de fixação do Alfabeto Fonético ao que você deseja memorizar.

CAPÍTULO 4
MEMORIZAÇÃO APLICADA AO DIREITO

Neste capítulo, explicarei como usar as principais técnicas de memorização aprendidas nos capítulos anteriores para memorizar artigos, súmulas, brocardos ou qualquer conteúdo importante para o seu estudo. Esteja preparado para o que vem pela frente. Depois de aprender as técnicas que ensinarei no capítulo, os seus estudos nunca mais serão os mesmos.

MACETES JURÍDICOS

"Os pequenos atos que se executam são melhores que todos aqueles grandes que apenas se planejam."
George C. Marshall

Neste tópico, dividirei com você uma técnica que gosto de chamar de "macete jurídico".

Você sabe o que são **macetes**?

São pequenos "truques" que servem para facilitar qualquer coisa na vida. Das tarefas domésticas à fabricação de espaçonaves, alguém sempre consegue arranjar um **macete** para otimizar o seu trabalho. No nosso caso, ele servirá para melhorar a qualidade dos estudos.

Gosto bastante dos macetes porque são técnicas rápidas e fáceis, porém muito poderosas e que podem salvar a sua vida no momento de uma prova. Os macetes que irei explicar neste capítulo são pensados para a pronta utilização durante os estudos, maximizando a sua capacidade de memorização. Trata-se de manter a atenção e o foco, pois, muitas vezes, esses atalhos de aprendizagem estão dispostos dentro do texto que pretendemos memorizar e não percebemos.

Sem mais enrolação, vejamos:

Macete 1 – Acrônimos

Para quem não se lembra, um acrônimo é uma palavra pronunciável formada pelo uso da primeira letra de outras palavras.

O acrônimo é ideal para memorizar vários requisitos ou itens de determinadas matérias ou artigos. Você pode utilizá-lo, inclusive, para diferenciar assuntos parecidos que podem te confundir.

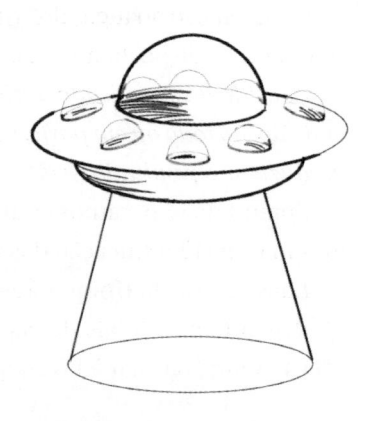

O exemplo que mostrarei é um dos que mais gosto de usar. Utilizo-o para diferenciar as teorias adotadas para temas como **tempo do crime** e **lugar do crime**.

Vamos à LUTA!

Antes de estudar o macete, devemos entender que existem várias teorias que buscam estabelecer o tempo e o lugar do crime, com destaque para três:

a) Teoria da Atividade (ou da Ação): determina o lugar/momento do crime em que foi praticada a conduta (ação ou omissão).

b) Teoria do Resultado (ou do Evento): determina o lugar/momento do crime em que se produziu ou deveria produzir-se o resultado, pouco importando o lugar/momento da prática da conduta.

c) Teoria Mista (ou da Ubiquidade): para essa teoria, o lugar/momento do crime é tanto aquele em que foi praticada a conduta quanto aquele em que se produziu ou deveria produzir-se o resultado.

O Código Penal Brasileiro adota a Teoria da Atividade, conforme seu art. 4º, que diz:

Considera-se praticado o crime no momento da ação ou omissão, ainda que outro seja o momento do resultado.

Com relação ao lugar do crime, nosso código adotou a Teoria da Ubiquidade, disposta no art. 6º, que diz:
Considera-se praticado o crime no lugar em que ocorreu a ação ou omissão, no todo ou em parte, bem como onde se produziu ou deveria produzir-se o resultado.

Entendido isso, vamos criar o macete que vai ajudar a não errarmos mais na identificação das teorias citadas.

Lugar teoria da **U**biquidade e **T**empo teoria da **A**tividade

Pegando as iniciais de cada um deles, formamos o acrônimo **LUTA**. Agora, basta ir à LUTA que vai dar certo.

Lugar do crime
Ubiquidade
Tempo do crime
Atividade

Como você notou, fica mais fácil diferenciar as teorias de lugar e de tempo do crime utilizando esse macete simples. Sempre que for perguntado sobre quais as teorias adotadas no Brasil para o lugar ou o tempo do crime, lembre-se do acrônimo **LUTA**.

É muito comum que se embaralhem as duas teorias em questões de provas para tentar confundir o aluno ou o concursando. Geralmente, as questões caem assim:

Ano: 2014 **Banca:** FCC **Órgão:** DPE-RS **Prova:** Defensor Público

Sobre o tempo e o lugar do crime, o Código Penal, para estabelecer:

a) o tempo do crime, adotou, como regra, a Teoria da Ubiquidade, e, para estabelecer o lugar do crime, a Teoria da Ação.

b) o tempo e o lugar do crime, adotou, como regra, a Teoria da Ação.

c) o tempo e o lugar do crime, adotou, como regra, a Teoria do Resultado.

d) o tempo e o lugar do crime, adotou, como regra, a Teoria da Ubiquidade.

e) o tempo do crime, adotou, como regra, a Teoria da Ação, e, para estabelecer o lugar do crime, a Teoria da Ubiquidade.

Pronto, como você aprendeu o acrônimo **LUTA**, não desista, vá à luta e responda que a alternativa correta é a e).

Você já foi à BAHIA?

Vamos a mais um exemplo para fixar bem essa ferramenta poderosa de memorização que é o acrônimo. Dessa vez, usaremos o acrônimo para memorizar os símbolos da República Federativa do Brasil.

Os símbolos da República Federativa do Brasil, segundo o art. 13, § 1º, são quatro:

Art. 13. *A língua portuguesa é o idioma oficial da República Federativa do Brasil.*

§ 1º São símbolos da República Federativa do Brasil a bandeira, o hino, as armas e o selo nacionais.

Agora que sabemos quais são os quatro símbolos da República Federativa, vamos formar o nosso macete utilizando as primeiras letras de cada palavra/símbolo da República Federativa.

BAndeira
HIno nacional
Armas
Selos

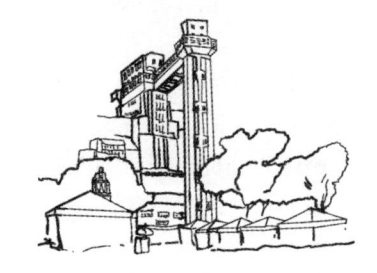

Como você percebeu, nas letras destacadas, maiúsculas e sublinhadas, temos a junção das primeiras letras de cada símbolo, formando uma palavra que servirá de mnemônico: **BAHIAS**. Dessa forma, é só lembrar algo que remeta ao estado da Bahia, no meu caso, o Elevador Lacerda, e, em seguida, relacionar com os símbolos da República Federativa. Quando essa questão surgir em uma prova, você não errará mais.

Na dúvida, acesse o site: MP3.COM

A Constituição prevê que não haverá distinção entre brasileiro nato e naturalizado, via de regra, pois estabelece, também, algumas distinções constitucionais, entre as quais a dos cargos privativos dos brasileiros natos. Vejamos o artigo:

Art. 12, § 3º São *privativos de brasileiro nato os cargos:*
I – de Presidente e Vice-Presidente da República;
II – de Presidente da Câmara dos Deputados;
III – de Presidente do Senado Federal;
IV – de Ministro do Supremo Tribunal Federal;
V – da carreira diplomática;
VI – de oficial das Forças Armadas;
VII – de Ministro de Estado da Defesa.

Questões com esse tema são recorrentes em concursos pelo Brasil afora. Mas não se preocupe, tenho um macete maroto para você memorizar todos os cargos privativos ao brasileiro nato.

É só usar o site MP3.COM – pode parecer estranho, mas é isso mesmo. O site pode até não ter nada a ver com isso, porém o macete existe e vai ajudar você na questão.

Basta pegar a primeira letra de cada cargo privativo e formar o acrônimo do nosso macete: MP3.COM. Uma dica: lembre-se de que temos o acrônimo MP3, pois a letra P se repete três vezes, portanto seria como P^3. Vejamos:

Ministro do Supremo Tribunal Federal
Presidente e Vice-Presidente da República
Presidente da Câmara dos Deputados
Presidente do Senado Federal
Carreira diplomática
Oficial das Forças Armadas
Ministro de Estado da Defesa

O segredo para usar acrônimos é praticar. Com o tempo, você criará os seus próprios modelos e desenvolverá macetes personalizados.

Macete 2 – Usando o texto a seu favor

No início deste tópico, mencionei que, algumas vezes, o macete está na própria palavra do material estudado e não percebemos. Pois bem, agora é a hora de aprender como você poderá usar o texto a seu favor.

Quem nunca se deparou com palavras com sonoridades muito parecidas, mudando apenas a ortografia, e com sentidos totalmente diferentes? Ou, ainda, palavras com sentidos parecidos e ortografias diferentes? Pois bem, durante minhas pesquisas sobre novas técnicas de memorização, encontrei uma forma simples de usar essas palavras como ferramenta para estudar mais e melhor.

Vamos a ela:

Mandato ou mandado?

Muitas pessoas já tiveram ou ainda têm dificuldades para diferenciar *mandato* de *mandado*.

Eu mesmo sempre tive essa dificuldade, até que encontrei a solução para os meus problemas, e não foi nas Organizações Tabajara! (Piada incompreensível para os que não assistiram a Casseta&Planeta.)

Chega de piadinhas sem graça e vamos ao que interessa.

Mandato: de modo geral, é usado em termos políticos para designar os poderes que são conferidos a uma pessoa que representará os cidadãos durante um período determinado.

Exemplo: Fernando Collor não cumpriu o seu *mandato* até o final, pois sofreu *impeachment*.

Mandado: significa ordem judicial ou administrativa e será, nessas circunstâncias, um substantivo: mandado de busca, mandado de segurança etc.

Exemplo: O policial estava com o *mandado* de prisão e, por isso, teve legalidade para prender aquele traficante.

Partindo das explicações anteriores, podemos resumir:

Mandato = Representação
Mandado = Ordem

Agora, é só comparar as duas palavras e achar algo que sirva de gancho para diferenciá-las.

Vamos a um macete prático:

Manda**T**o tem a letra **T**, a qual também está presente em represen-**T**ação. Portanto, ambas têm em comum a letra **T**.

Já manda**D**o tem a letra **D**, que encontramos também em or**D**em.

Dessa forma, sempre que você se deparar com uma dessas palavras nos seus estudos, basta utilizar tal gancho.

Desconcentração × descentralização

Agora, vamos usar a técnica do macete para diferenciar dois termos muito cobrados em concursos:

Descentralização: consiste na administração direta, ou seja, deslocar, distribuir ou transferir a prestação de determinado serviço para a administração indireta ou para o particular. Cria-se, então, uma nova entidade com personalidade jurídica própria.

Desconcentração: é a distribuição do serviço dentro da mesma pessoa jurídica, no mesmo núcleo, por meio da criação de um órgão sem personalidade jurídica.

Podemos resumir cada termo assim:
Desconcentração: cria órgão.
Descentralização: cria entidade.

São termos parecidos e, portanto, fáceis de confundir durante uma prova. Se olharmos com atenção para cada palavra, encontraremos o gancho mnemônico que nos ajudará a diferenciar o conceito básico de cada termo.

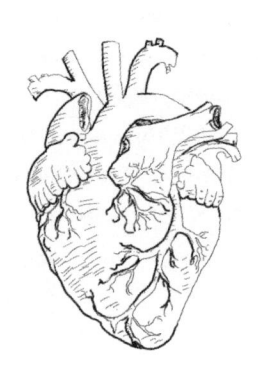

Repare que a palavra **desconcentração** tem como gancho as letras **CO**, que são as iniciais de **C**riar **Ó**rgãos.
Já a palavra **descentralização** tem como gancho mnemônico as letras **CE**, que são iniciais de **C**riar **E**ntidades.

Associando com as Associações

Os macetes não acabam por aqui, ainda existe outra forma de usar o texto quando você estiver estudando para memorizar informações. Um assunto que confunde bastante os estudantes de Direito é a caracterização dos crimes de associação para o tráfico, associação criminosa e organização criminosa em função do número de pessoas que participam do ato delituoso. Confira:

Associação para o tráfico: previsão legal no art. 35 Lei n. 11.343/06: *Associarem-se duas ou mais pessoas para o fim de praticar, reiteradamente ou não, qualquer dos crimes previstos nos arts. 33, caput e § 1º, e 34 desta Lei.*

Associação criminosa: prevista no art. 288 do Código Penal. *Associarem-se 3 (três) ou mais pessoas, para o fim específico de cometer crimes.*

Organização criminosa: prevista na Lei n. 12.850/2013. *Considera-se organização criminosa a **associação de 4 (quatro) ou mais pessoas** estruturalmente ordenada e caracterizada pela divisão de tarefas, ainda que informalmente, com objetivo de obter, direta ou indiretamente, vantagem de qualquer natureza, mediante a prática de infrações penais cujas penas máximas sejam superiores a 4 (quatro) anos, ou que sejam de caráter transnacional.*

E se eu lhe disser que o próprio nome de cada crime traz o gancho de memorização? Vamos aprender agora como diferenciar a quantidade de pessoas para configurar os crimes supracitados usando o nome de cada crime.

Para configurar o crime de **ASSociação para o tráfico**, são necessárias duas ou mais pessoas. A palavra "Associação" possui duas letras **S**.

No crime de **ASSociação criminoSa**, tem-se a associação de três ou mais pessoas e "Associação criminosa" possui três letras **S**.

Finalmente, o crime de **OrgAnizAçÃo criminosA** é a associação de quatro ou mais pessoas. Você poderá argumentar que "Organização criminosa" possui somente uma letra **S**, mas o gancho de memorização, desta vez, será a letra **A**, porque "Organização criminosa" tem quatro letras A. Dessa forma, temos:

A**SS**ociação para o tráfico: associação de duas ou mais pessoas.
A**SS**ociação crimino**S**a: associação de três ou mais pessoas.
Org**a**niz**a**ç**ã**o criminos**a**: associação de quatro ou mais pessoas.

Crie o hábito de procurar nos textos ganchos mnemônicos que fornecerão as informações necessárias para a memorização.

VAMOS PRATICAR!

Exercício 1

Agora é com você. Deixei algumas questões para você usar os macetes ensinados anteriormente.

Ano: 2013 **Banca:** INSTITUTO AOCP **Órgão:** IBC **Prova:** Professor – Educação Infantil

De acordo com a Constituição Federal do Brasil, são símbolos da República Federativa do Brasil[8]:

a) a bandeira, o hino, as armas e o selo nacionais.
b) apenas as armas e o selo nacionais.
c) apenas a bandeira e o hino nacionais.
d) apenas a bandeira, as armas e o selo nacionais.
e) a bandeira, o hino, as armas e o escudo.

Ano: 2014 **Banca:** Vunesp **Órgão:** PC-SP **Prova:** Vunesp – 2014 – PC-SP – Delegado de Polícia

É privativo de brasileiro nato o cargo de[9]:

a) Ministro do Supremo Tribunal Federal.
b) Senador.
c) Juiz de Direito.
d) Delegado de Polícia.
e) Deputado Federal.

---

8. Resposta da Questão 1: letra A.
9. Resposta da Questão 2: letra A.

Exercício 2

Neste exercício, o objetivo será criar os seus próprios acrônimos. Deixei algumas palavras para você memorizar usando essa técnica:

São atributos dos atos administrativos:
Presunção de veracidade
Autoexecutoriedade
Tipicidade
Imperatividade

_____

_____

_____

_____

Pessoas Jurídicas que compõem a Administração Indireta:
Fundação pública
Autarquia
Sociedade de economia mista
Empresa pública

_____

_____

_____

_____

MEMORIZANDO FRAÇÕES

"O mundo é feito de números incontáveis que as pessoas insistem em contar."
Renata Rietjens

Já mencionei aqui um antigo – mas verdadeiro – ditado que diz: "Uma imagem vale mais que mil palavras!". Depois de ler os três primeiros capítulos deste livro, você, certamente, já percebeu que as várias técnicas que foram ensinadas utilizam criação de imagens para facilitar a memorização.

Isso não é por acaso. Nosso cérebro reage positivamente a imagens, fixando melhor o conteúdo. O próprio Alfabeto Fonético consiste na transformação de números em imagens.

Agora, vamos passar para as técnicas que irão ajudar você a lidar com aqueles números que aparecem no meio do texto legal e que são mais difíceis de memorizar.

Por exemplo: as frações para redução ou aumento de pena presentes no Código Penal. Vou ensinar a Técnica Facial de memorização de tais frações. Siga os passos:

Passo 1 – Transforme as frações, que são números abstratos, em imagens.

Passo 2 – Se o texto for grande, reduza-o a palavras-chave que representem todo o assunto proposto.

Passo 3 – Associe as imagens mentais criadas às palavras-chave que representam o texto.

Aprendidos os três passos, vamos utilizar como exemplo prático o art. 21 do Código Penal, que diz:

*O desconhecimento da lei é inescusável. O erro sobre a ilicitude do fato, se inevitável, isenta de pena; se evitável, poderá diminuí-la de **um sexto a um terço**.*

Ou seja: a diminuição prevista para quem comete crime por erro de ilicitude poderá ser de um sexto a um terço. Vamos transformar as frações em imagens mentais:

Um sexto: lembre-se de um cesto de colocar roupa suja.

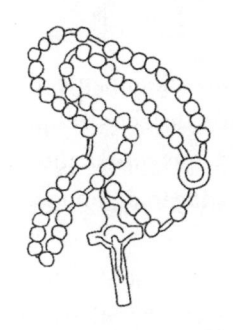

Um terço: podemos representar por um terço da Igreja Católica.

Transformadas as frações em imagens mentais, temos de selecionar o assunto a ser associado às nossas imagens e escolher Palavras-chave para representá-lo.

O próprio Código Penal nos fornece as Palavras-chave que usaremos para representar o art. 21: **Erro sobre a ilicitude do fato**.

Agora que temos a imagem mental e o tema a ser memorizado, basta criar um quadro mental associando essas duas informações.

Por exemplo:

Um holandês que costuma fumar maconha, pensando que tal ato é lícito no Brasil, foi encontrado pela polícia fumando. A polícia o prende e o coloca dentro de **um cesto**. Assustado, ele pega **um terço** enorme de seu bolso e começa a rezar.

Nessa pequena história, conseguimos resumir elementos básicos para a compreensão do nosso Código Penal. Teste essa técnica com a maior variedade de artigos possível e dê preferência aos que possuem números e frações. A seguir, deixei algumas frações para você criar os seus próprios quadros mentais.

VAMOS PRATICAR!

Exercício 1

Agora é a sua vez. Deixei o artigo abaixo para você memorizar a redução de pena do arrependimento posterior:

Arrependimento posterior
Art. 16 do CP: *Nos crimes cometidos sem violência ou grave ameaça à pessoa, reparado o dano ou restituída a coisa, até o recebimento da denúncia ou da queixa, por ato voluntário do agente, a pena será reduzida de **um a dois terços**.*

MEMORIZANDO EXPRESSÕES EM LATIM

"Você precisa fazer aquilo que pensa que não é capaz de fazer." **Eleanor Roosevelt**

Quem estuda Direito sabe como é difícil memorizar brocardos (expressões latinas do Direito) e como elas são importantes para o enriquecimento do vocabulário. Além do mais, não raramente, tais expressões aparecem em provas, exigindo do candidato o conhecimento de seu significado.

Pois bem, criei uma ferramenta que lhe ajudará a memorizar essas expressões, aplicando apenas as técnicas já apresentadas nos capítulos anteriores. Como já dizia o bom brocardo: *dormientibus non sucurrit jus* ou, em português, o Direito não socorre aos que dormem.

Vou apresentar primeiro as expressões ou palavras em latim e as suas respectivas traduções, logo após, você conhecerá, de forma detalhada, o modo de utilizar as técnicas. É o momento de soltar a sua imaginação.

Expressões	Significado
Erga omnes	Contra todos
Jus puniendi	Direito de punir

A primeira expressão que vamos memorizar é *erga omnes*, que significa "contra todos".

O primeiro passo é criar o seu Palácio da Memória, que pode ser a sua casa, a sua rua ou a padaria que você frequenta, por exemplo. Em seguida, reparta o seu palácio em *loci*[10] (quarto, sala, cozinha etc.). Depois de escolhido o palácio, você deverá criar uma historinha associando o brocardo ao seu significado.

Por exemplo:

Imagine que você está na garagem da sua casa erguendo um homem (Ícone Mental para *erga omnes*). Ele é muito pesado e é difícil segurá-lo. Mesmo assim, você joga o homem contra as pessoas que estavam na rua protestando e mata todas elas. Há sangue espalhado por todo lado.

Assim, você terá associado *erga omnes* ao seu significado "contra todos".

O palácio é importante na hora da evocação da memorização. Sem ele, você não teria referências para resgatar o conteúdo memorizado.

Vamos à segunda expressão jurídica, *jus puniendi*, que significa "direito de punir".

---

10. *Loci* é uma palavra do latim, plural de *locus*, que significa lugar, local.

Novamente, vamos escolher um *locus* para a nossa associação. Desta vez, pode ser a sala de sua casa. É importante lembrar: sempre que criar uma história para associação, crie também um gancho, pois ele servirá para facilitar a invocação da memória desejada.

Imagine que, na sala de sua casa, **Jesus pune Andy** (*jus puniendi*). **Jesus** está dando chicotadas em **Andy García**. Você pergunta por que Ele está batendo no Andy. Jesus mostra um distintivo e fala que é policial e tem o **direito de punir**.

Compreendeu como é fácil criar associações de expressões e seus significados e como pode ser grande o seu poder de memorização?

VAMOS PRATICAR!

Exercício 1

Neste exercício, você deve criar as suas próprias associações dos brocardos e de suas respectivas traduções, conforme a lista:

Expressões	Significado	Associação
Res furtiva	Objeto do furto	
Aberratio ictus	Erro de execução	
Animus necandi	Intenção de matar	
Ratio juris	Razão do Direito	

PARÓDIAS JURÍDICAS

"Cante alto seus sonhos." **Scalene**

Já notou como é fácil aprender letras de música? Isso ocorre porque a maioria delas utiliza rimas. Rima é o nome dado à semelhança entre sons de duas ou mais palavras. Em países de língua inglesa, o seu uso é muito comum para facilitar o aprendizado. Veja uma rima utilizada para a memorização do número de dias de cada mês do ano.

Trinta dias têm novembro,
abril, junho e setembro
  Vinte e oito tem só um
  Os demais têm trinta e um

As rimas e os versos utilizam o princípio da imaginação e da repetição. Se você é daqueles que escutam uma música uma só vez e já conseguem cantá-la, essa técnica lhe será bem útil.

Você pode utilizar essa técnica e fazer as suas próprias paródias musicais para memorizar a matéria desejada. Basta escolher uma música e alterar a letra para o assunto desejado.

No exemplo a seguir, foi criada uma paródia pelo brilhante professor Flávio Martins para a memorização das cláusulas pétreas previstas no art. 60, § 4º da Constituição Federal.

Ele usou a música "Já sei namorar", dos Tribalistas, substituindo a letra original pela matéria de Direito. A paródia ficou assim:

Título original: Já sei namorar
Artista: Tribalistas
Paródia jurídica: Já sei estudar[11]
Autor: Professor Flávio Martins

Já sei estudar, quais são cláusulas pétreas que não poderão mudar
No artigo 60, então vê se não esquenta, pois agora eu vou falar
O primeiro assunto é a Federação
E dos nossos poderes a Separação
Eu já me esquecia, direitos e garantias em toda a Constituição
E também tem o voto, não me ouça mal:
É direto, secreto, é universal
E pra terminar, também é periódico, então vamos cantar.

No exemplo seguinte, estudantes de Direito criaram uma paródia para memorizar os remédios constitucionais com as suas características principais. Para isso, utilizaram a música "Ai se eu te pego", de Michel Teló.

Ficou assim:

Paródia jurídica: Ai se eu te impetro[12]

Ai se eu te impetro, ai ai se eu te impetro
Habeas corpus e habeas data
Protegem a liberdade
De locomoção e de publicidade
Mandado de injunção
É impetrado quando há omissão
De uma lei regulamentadora
E não está na Constituição
Mandado, Mandado

---

11. Link para acessar a paródia: www.cifraclub.com.br/professor-flavio-martins/1539192/letra/.
12. Link para acessar a paródia: www.youtube.com/watch?v=B-d9EIYZ30g.

De segurança
Ai se eu te impetro, ai ai se eu te impetro
Protege, protege
Contra a violação
De direito líquido e de direito certo
Ação popular
Qualquer cidadão pode impetrar
Basta ser um eleitor
Para um patrimônio preservar
Habeas corpus e habeas data
Protegem a liberdade
De locomoção e de publicidade
Remédios, Remédios
Constitucionais
Ai se eu te impetro, ai ai se eu te impetro

VAMOS PRATICAR!

Exercício 1

Agora é a sua vez de ser o compositor. Escolha uma música e um assunto que pretende memorizar e crie a sua paródia jurídica:

MAPAS MENTAIS APLICADOS AO DIREITO

"Engraçado, costumam dizer que tenho sorte. Só eu sei que quanto mais me preparo, mais sorte eu tenho."
Anthony Robbins

No capítulo anterior, expliquei para que servem os Mapas Mentais e o passo a passo para criar os seus próprios mapas. Destaquei, ainda, as ferramentas que devem ser utilizadas.

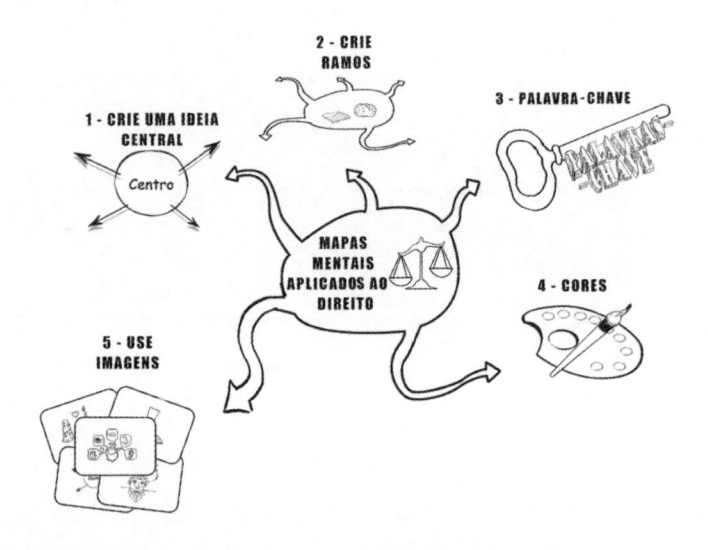

Neste tópico, vou demonstrar como você poderá usar os Mapas Mentais para memorizar artigos, súmulas ou qualquer outro assunto para concursos.

Aplicar a Técnica dos Mapas Mentais ao Direito é bem simples, basta escolher o assunto que quer memorizar e seguir os cinco passos ensinados no capítulo anterior.

Vamos a um resumo sobre o tema:

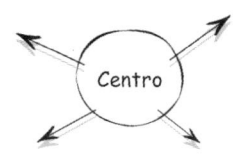

Passo 1 – Crie uma ideia central. A ideia central é o ponto de partida do seu Mapa Mental e representa o assunto que será abordado. Ela deverá estar centralizada em sua página.

Passo 2 – Adicione ramos. O passo seguinte à criação da ideia central é puxar ramos do seu mapa, ou seja, criar ramificações.

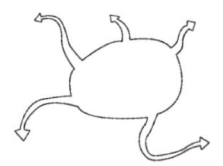

Passo 3 – Adicione Palavras-chave. Como foi explicado no capítulo 2, a Palavra-chave resume os temas principais de um texto. Em cada ramificação, você deverá escrever uma Palavra-chave que associe a todo o assunto proposto.

Passo 4 – Use cores diferentes. Os Mapas Mentais devem ser coloridos; isso ajuda a estimular a sua criatividade e aciona diferentes partes da memória. Use lápis de cor, canetas coloridas, pincéis e todo tipo de recurso para variar os tons.

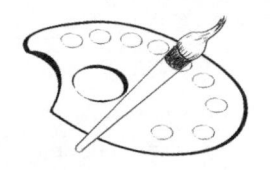

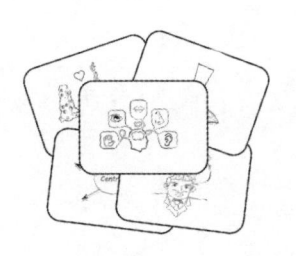

Passo 5 – Use imagens. O último passo é utilizar imagens para representar o texto que quer memorizar. Use a sua criatividade para desenvolver imagens originais. Não se preocupe muito com o estilo do desenho, o importante é praticar. Lembre-se: uma imagem tem o poder de transmitir muito mais informações do que uma simples palavra!

Nas próximas páginas, você encontrará alguns Mapas Mentais como exemplos da aplicação da técnica ao Direito.

Código Penal – Parte geral
Título I – Aplicação da Lei Penal
Anterioridade da Lei
Art. 1º – Não há crime sem lei anterior que o defina. Não há pena sem prévia cominação legal.

1 – Não há crime
2 – sem lei anterior que o defina.
3 – Não há pena
4 – sem prévia cominação
5 – legal.

CP - Art. 1º
Anterioridade da lei

1 – Não há crime
2 – sem lei anterior que o defina.
3 – Não há pena
4 – sem prévia cominação
5 – legal.

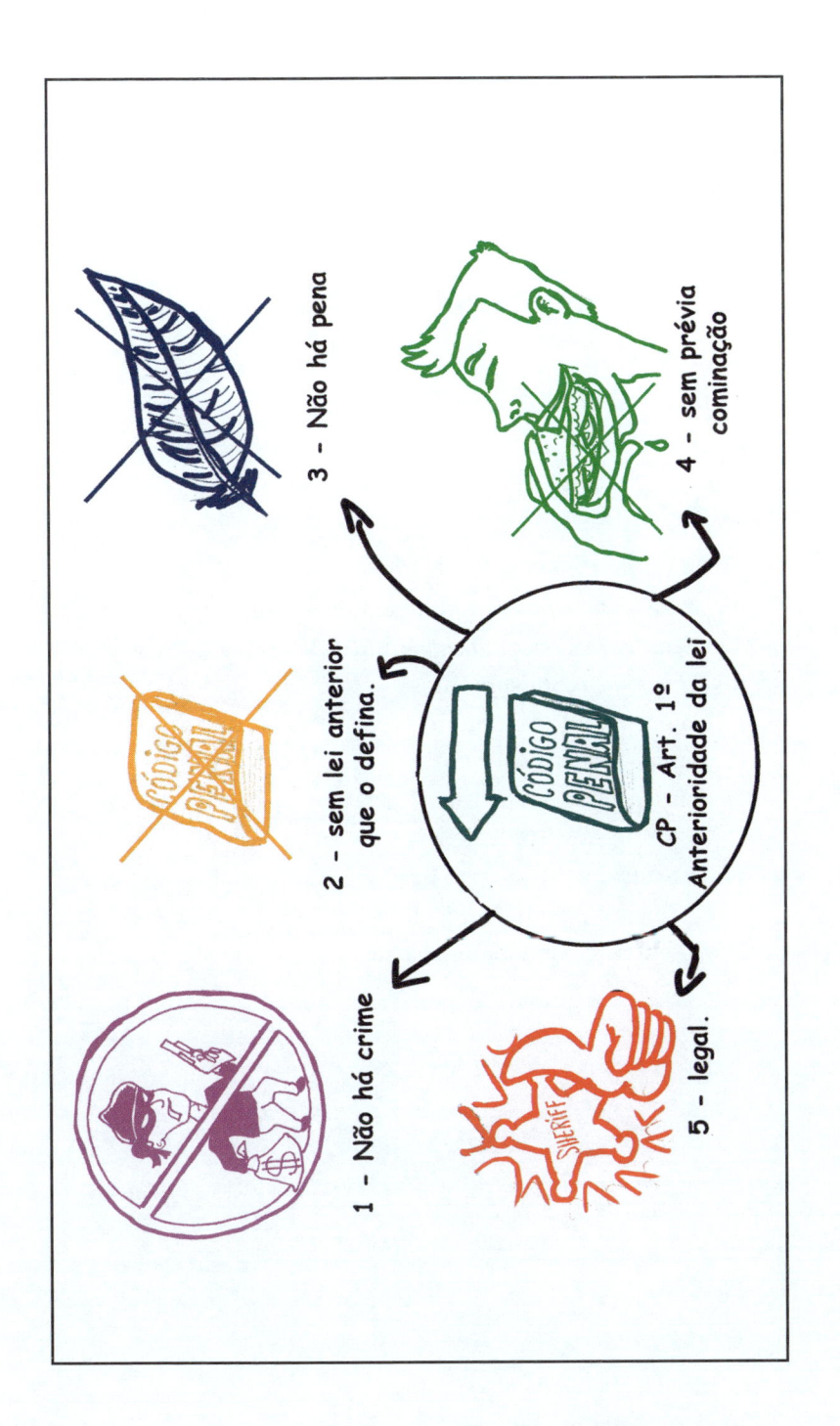

Código Penal – Parte geral
Título I – Aplicação da Lei Penal
Lei penal no tempo
Art. 2º – *Ninguém pode ser punido por fato que lei posterior deixa de considerar crime, cessando em virtude dela a execução e os efeitos penais da sentença condenatória.*

1 – Ninguém pode ser punido
2 – por fato que lei posterior
3 – deixa de considerar crime,
4 – cessando em virtude dela
5 – a execução
6 – e os efeitos penais
7 – da sentença condenatória.

Art. 2º Lei penal no tempo

1 - Ninguém pode ser punido
2 - por fato que lei posterior
3 - deixa de considerar crime,
4 - cessando em virtude dela
5 - a execução
6 - e os efeitos penais
7 - da sentença condenatória.

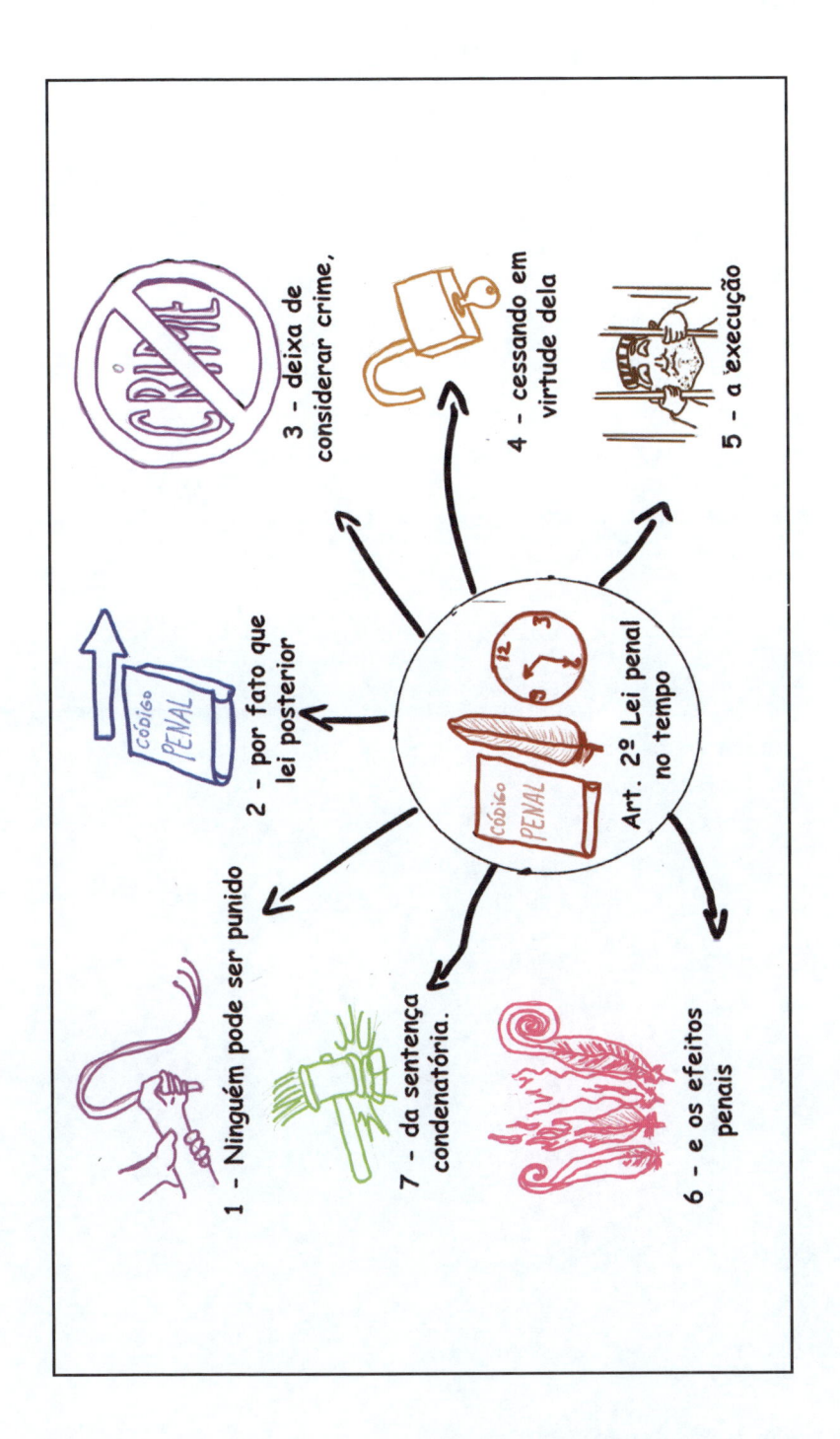

Constituição Federal
Título I - Dos Princípios Fundamentais
Art. 1º - A República Federativa do Brasil,
1 - formada pela união indissolúvel dos Estados e Municípios e do Distrito Federal,
2 - constitui-se em Estado Democrático de Direito e tem como fundamentos:
I - a soberania;
II - a cidadania;
III - a dignidade da pessoa humana;
IV - os valores sociais do trabalho e da livre iniciativa;
V - o pluralismo político.

CF

Art. 1º A República Federativa do Brasil,

1 – formada pela união indissolúvel dos Estados e Municípios e do Distrito Federal,

2 – constitui-se em Estado Democrático de Direito e tem como fundamentos:

I – a soberania;

II – a cidadania;

III – a dignidade da pessoa humana;

IV – os valores sociais do trabalho e da livre iniciativa;

V – o pluralismo político.

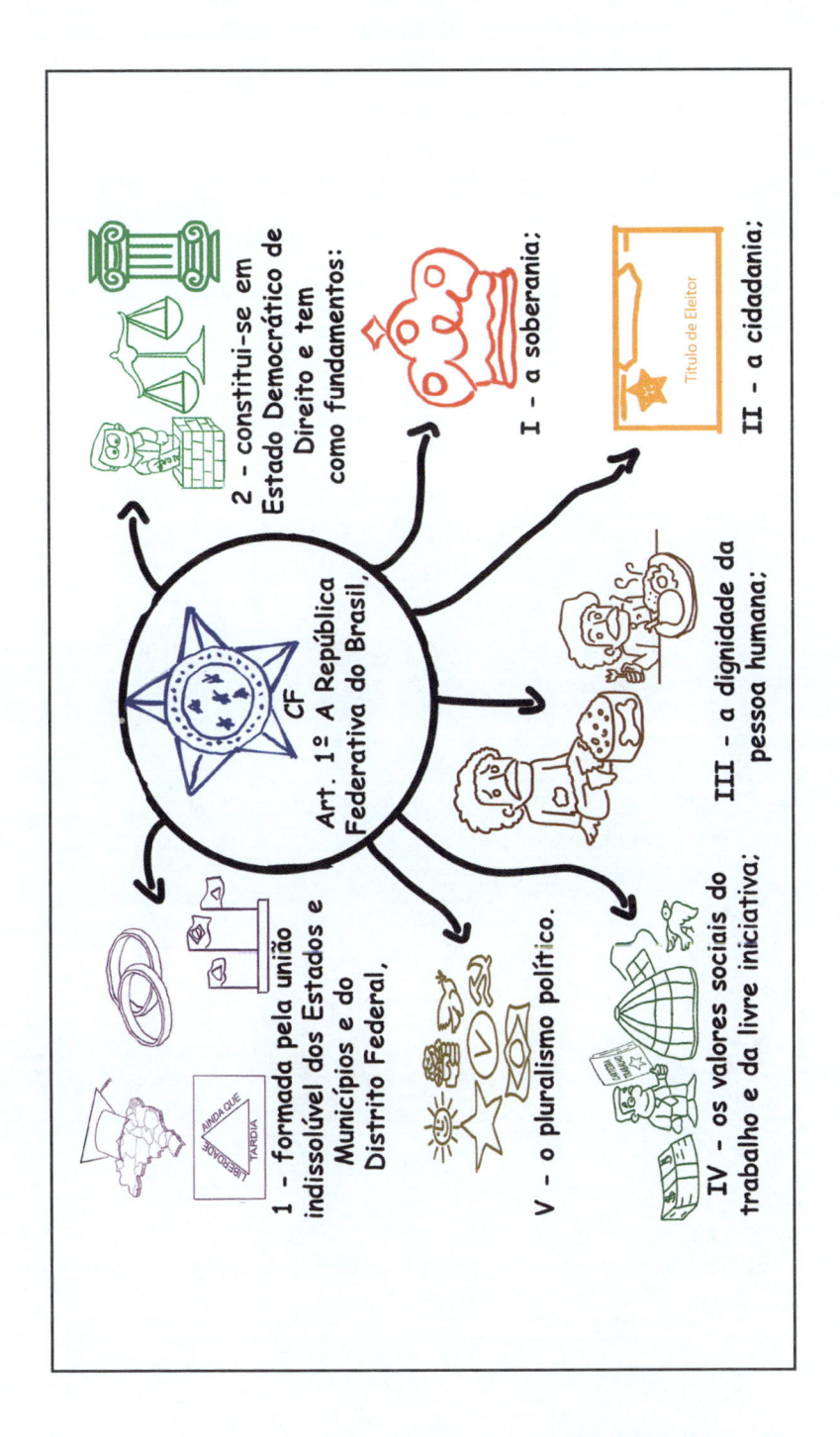

MEMORIZE DIREITO . 139

Constituição Federal
Título I – Dos Princípios Fundamentais
Parágrafo único. Todo o poder emana do povo, que o exerce por meio de representantes eleitos ou diretamente, nos termos desta Constituição.

Todo o poder emana do povo,
1 – que o exerce por meio de representantes eleitos
2 – ou diretamente
3 – nos termos desta Constituição.

2 – ou diretamente,

3 – nos termos desta Constituição.

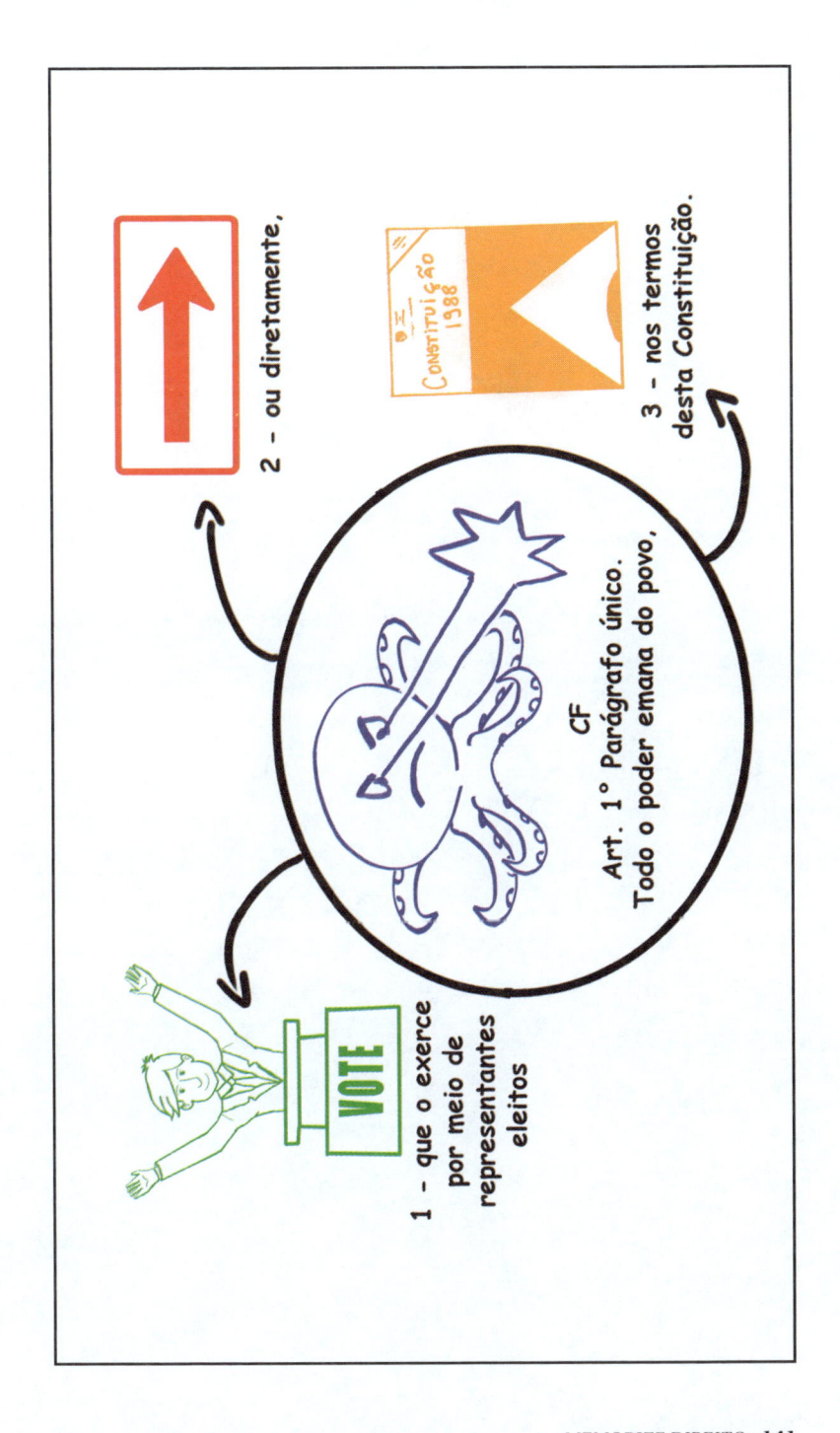

CF
Art. 1º Parágrafo único.
Todo o poder emana do povo,

1 – que o exerce por meio de representantes eleitos

Constituição Federal
Título I – Dos Princípios Fundamentais
Art. 2º – São Poderes da União, independentes e harmônicos entre si, o Legislativo, o Executivo e o Judiciário.

São Poderes da União,
1 – independentes
2 – e harmônicos entre si,
3 – o Legislativo,
4 – o Executivo
5 – e o Judiciário.

CF
Art. 2º São Poderes da União,
1 - independentes e
2 - harmônicos entre si,
3 - o Legislativo,
4 - o Executivo
5 - e o Judiciário.

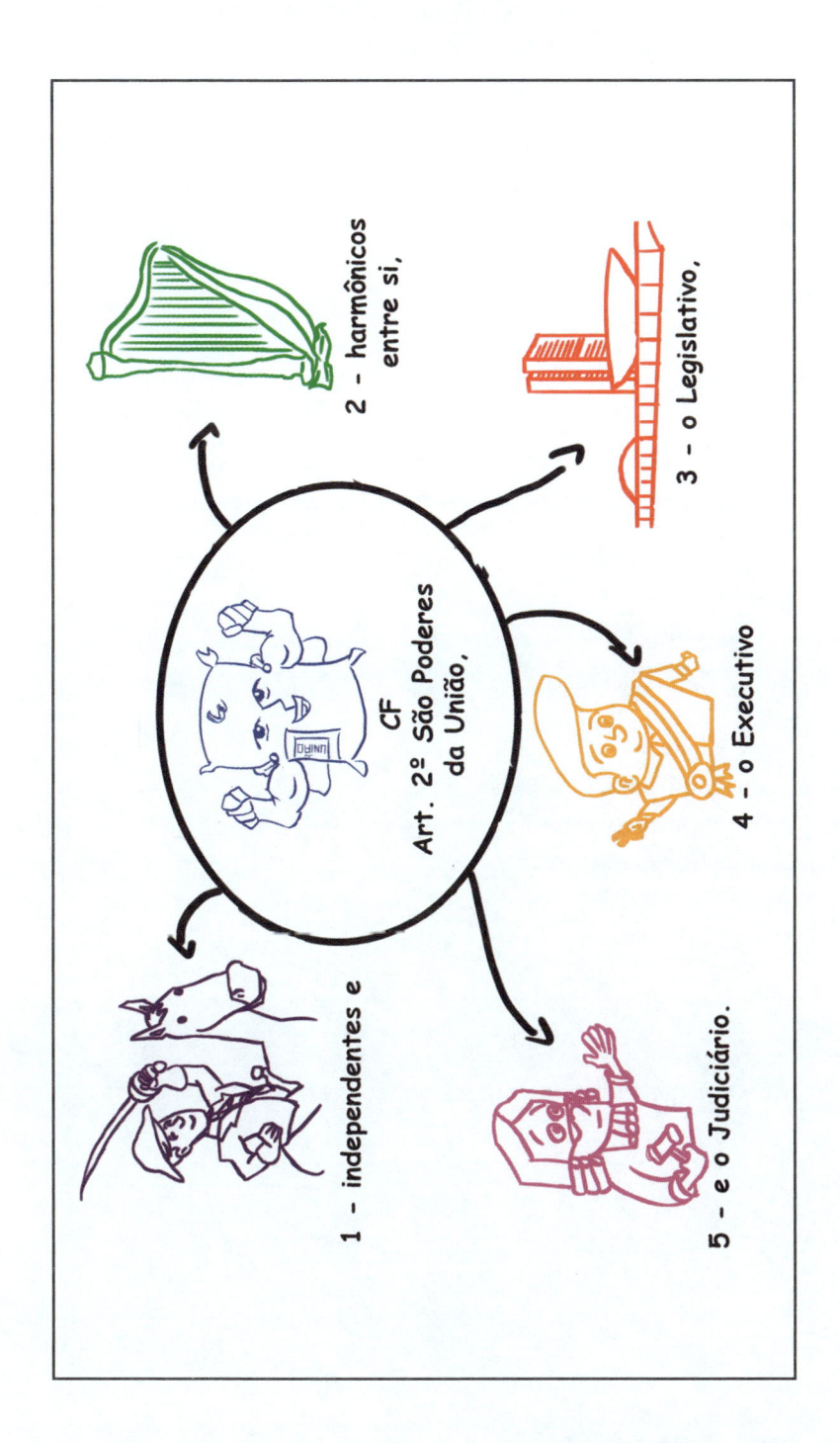

Processo Penal
Inquérito Policial
Características do Inquérito Policial
1 – Escrito
2 – Sigiloso
3 – Inquisitivo
4 – Informativo
5 – Indisponível

CPP
Características do Inquérito Policial

1 - Escrito
2 - Sigiloso
3 - Inquisitivo
4 - Informativo
5 - Indisponível

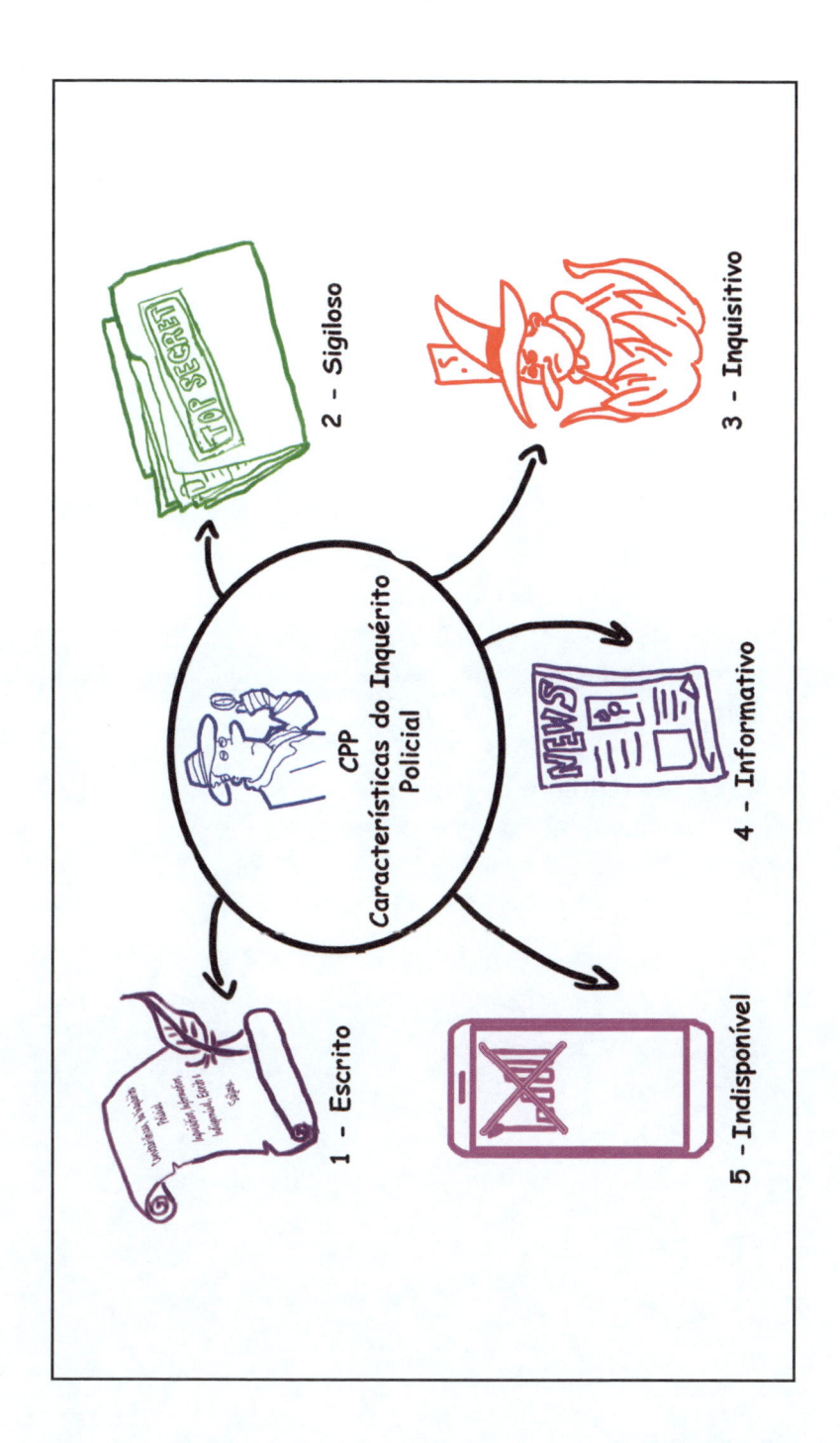

Código Civil
Da Personalidade e da Capacidade
Art. 2º – A personalidade civil da pessoa.
1 – A personalidade civil da pessoa
2 – começa do nascimento com vida;
3 – mas a lei põe a salvo,
4 – desde a concepção,
5 – os direitos do nascituro.

Código Civil
Art. 2º A personalidade civil da pessoa

1 - começa do nascimento com vida;

2 - mas a lei põe a salvo,

3 - desde a concepção,

4 - os direitos do nascituro.

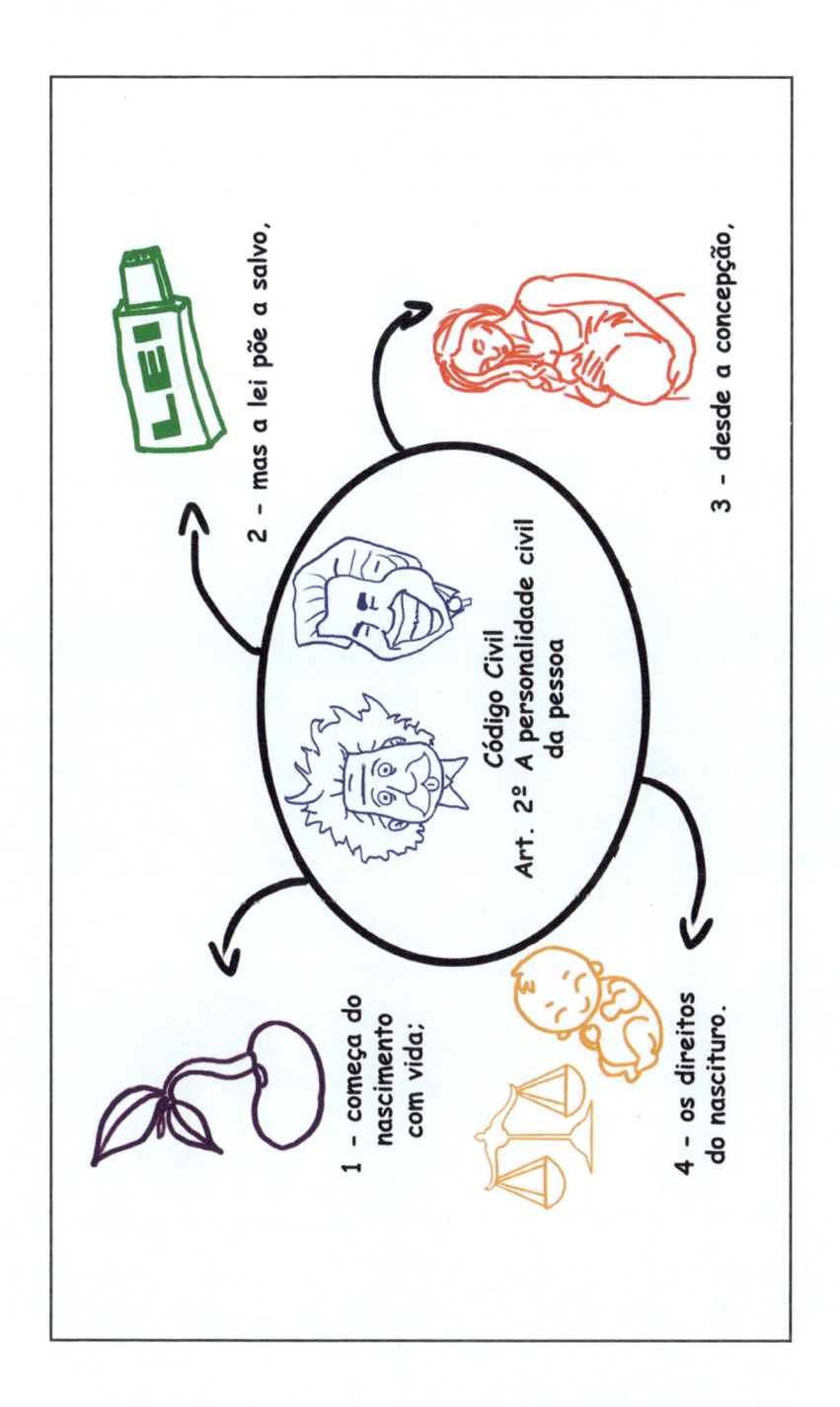

MEMORIZE DIREITO . 147

Constituição Federal
Capítulo VII
Da Administração Pública
Seção I
Disposições Gerais
Art. 37. A administração pública direta e indireta
1 – de qualquer dos Poderes da União, dos Estados, do Distrito Federal e dos Municípios
2 – obedecerá aos princípios de legalidade,
3 – impessoalidade,
4 – moralidade,
5 – publicidade e
6 – eficiência e, também, ao seguinte: (...)

Art. 37 A administração pública direta e indireta

1 – de qualquer dos Poderes da União, dos Estados, do Distrito Federal e dos Municípios

2 – obedecerá aos princípios de legalidade,

3 – impessoalidade,

4 – moralidade,

5 – publicidade e

6 – eficiência (....)

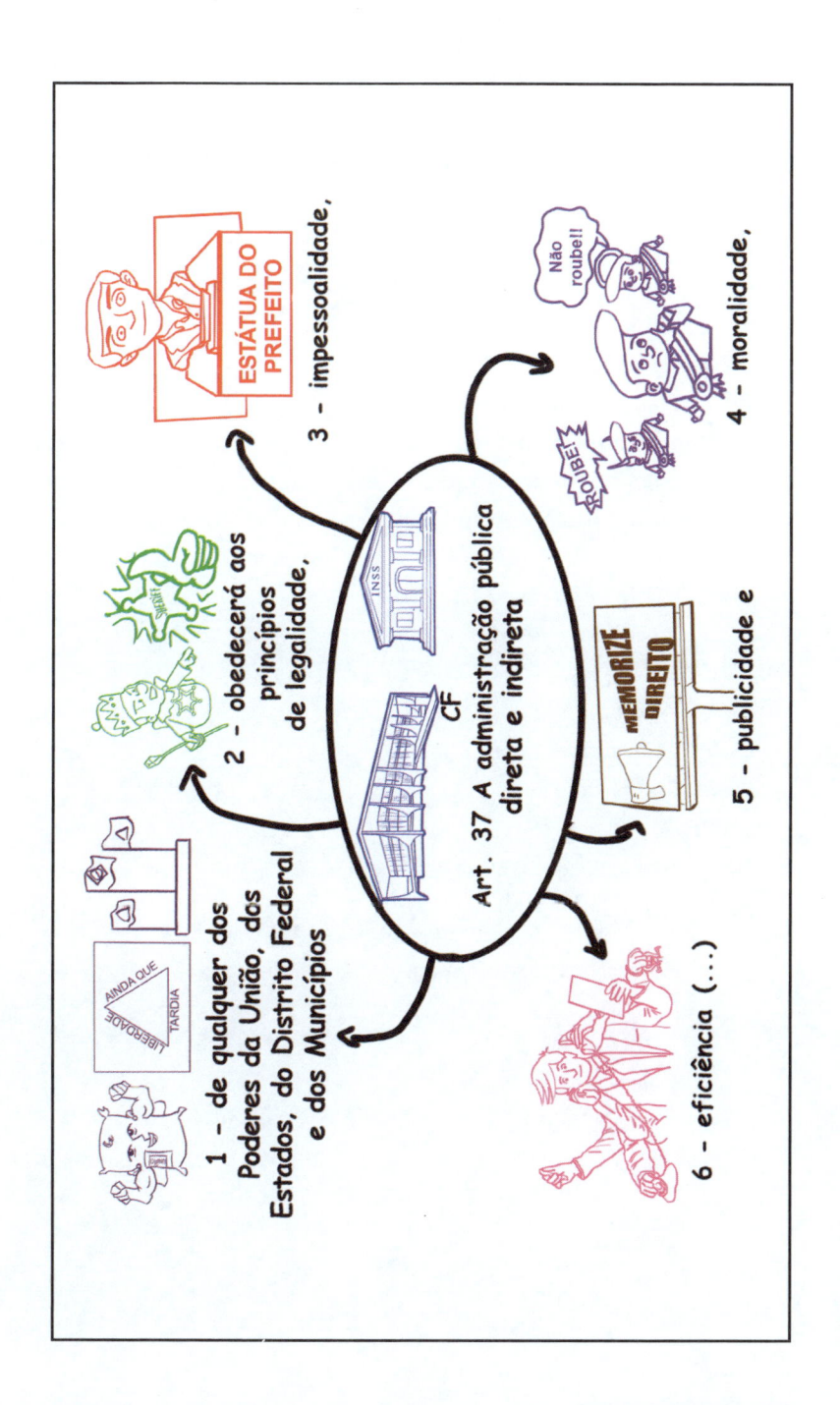

VAMOS PRATICAR!

Exercício 1

Agora que você sabe como criar os seus próprios Mapas Mentais (capítulo 3) e como utilizar essa ferramenta para memorizar artigos do nosso ordenamento jurídico, coloque a mão na massa e faça-os. Deixei como exemplo o art. 5º, inciso XLVII, da Constituição Federal:

Art. 5º XLVII – não haverá penas:
a) de morte, salvo em caso de guerra declarada, nos termos do art. 84, XIX;
b) de caráter perpétuo;
c) de trabalhos forçados;
d) de banimento;
e) cruéis.

Na página seguinte, você encontrará uma estrutura básica para iniciar o seu Mapa Mental.

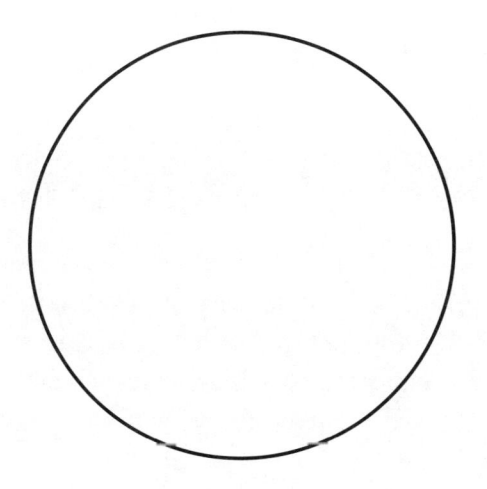

MEMORIZANDO A LEI, PODEROSA FERRAMENTA!

"A mente que se abre a uma nova ideia jamais voltará ao seu tamanho original."
Albert Einstein

Quando estudava na faculdade, percebi que a maioria das técnicas de memorização era aplicada a baralhos, palavras, números etc., mas bem pouco era aplicado ao Direito. Então, vi a oportunidade de utilizar essas ferramentas para algo realmente produtivo, como os estudos, em especial do Direito, por ser uma matéria complexa e de difícil memorização.

A técnica que ensinarei agora é uma das mais poderosas que encontrei. Não é por acaso que resolvi deixá-la para o final deste livro. Trata-se da junção das melhores técnicas ensinadas no capítulo anterior direcionadas à memorização das leis.

Para exemplificar, vamos memorizar o art. 6º da Constituição Federal, que elenca os direitos sociais:

> Art. 6º São direitos sociais a educação, a saúde, a alimentação, o trabalho, a moradia, o transporte, o lazer, a segurança, a previdência social, a proteção à maternidade e à infância, a assistência aos desamparados, na forma desta Constituição.

Vamos aos passos necessários para o uso desta técnica:

Passo 1 – A primeira coisa a fazer é criar uma localização específica, porque ela servirá de gaveta. Toda vez que formos usar o artigo, abriremos essa gaveta e ele estará lá. Nada melhor para isso que a **Técnica do Palácio da Memória**.

Passo 2 – Aqui, devemos associar os números dos artigos a uma imagem que nos faça lembrar deles. Nós já aprendemos que o **Alfabeto Fonético** é a melhor forma para substituir números por palavras de fixação.

Passo 3 – Criar uma história ligando todo o texto da lei ou do artigo a ser memorizado, na qual uma informação levará a outra. Se você pensou na **Técnica dos Links**, está certo.

Diante do tema a ser memorizado, vamos recapitular o nosso procedimento:

Primeiro, criaremos nossa "gaveta" de evocação da memória, ou seja, vamos imaginar um lugar conhecido usando o Palácio da Memória para facilitar o contato com o art. 6º da CF. Neste caso, usarei como local a biblioteca onde eu estudava. Obviamente, você poderá utilizar também a biblioteca da sua faculdade, da sua escola ou de qualquer outro local.

Agora, vamos transformar o número 6 em nossa palavra de fixação do Alfabeto Fonético. Aprendemos que, no Alfabeto Fonético, o número 6 é representado pela consoante S, que forma a palavra de fixação aSa.

Transformando o número 6 em nossa palavra de fixação do Alfabeto Fonético, temos de pegar o tema principal do artigo e associá-lo à nossa palavra de fixação. O art. 6º da CF elenca os direitos sociais. Então, vamos associar aSa a direito social.

A seguir, analisaremos cada termo a ser memorizado:

Direito social

Imagine que você esteja na biblioteca da sua escola ou faculdade, com um livro de Direito nas mãos (**direito**). Você está vestido com roupa social (**social**), mas não é um terno qualquer, trata-se de um terno cor-de-rosa que tem grandes **ASAS** (palavra de fixação número 6) nas costas.

Após associar o tema principal à nossa palavra de fixação, o último passo é criar uma história associando todos os direitos sociais, de forma que um direito ajudará a lembrar de outro. Nada melhor para isso que a Técnica dos Links.

Educação

Suponha que esteja com as suas asas na biblioteca e decida pegar um *Vade Mecum* (**educação**) enorme, mas ele é muito pesado e acaba caindo em cima de você, quebrando a sua perna. Imagine tudo com cores fortes e sangue por todos os lados.

Saúde

Ao verem você no chão com a perna quebrada, os funcionários da biblioteca chamam uma ambulância e o levam para um hospital particular (**saúde**). Crie tudo com riqueza de detalhes, ouça o barulho da ambulância.

Alimentação

Você chega ao hospital e está com muita fome. Pede uma comida para a enfermeira, mas ela traz uma daquelas sopas de hospital sem gosto (**alimentação**). Imagine o gosto ruim da sopa.

Trabalho

Depois de vários dias no hospital e de comer muita sopa, chega o dia da sua alta e você não tem dinheiro para pagar a conta. Então, você é obrigado a trabalhar no hospital lavando pratos para pagar as suas despesas (**trabalho**).

Transporte

Após vários dias lavando pratos, você consegue pagar a conta do hospital e é liberado para ir para casa, então você chama um Uber. Para sua surpresa, chega um fusca velho, caindo aos pedaços (**transporte**).

Moradia

Como você precisa ir embora, entra no fusca velho e pede ao motorista para levá-lo para casa (**moradia**). Porém, quando você chega lá, percebe que a casa está ocupada pelo Movimento dos Trabalhadores Sem Teto (MTST). Isso reforçará mais uma vez a palavra **moradia**.

Lazer

Você discute com os ocupantes e fica bastante estressado. Decide, então, ir ao parquinho para se divertir e relaxar (**lazer**).

Segurança

Você começa a brincar e surge um **segurança** nervoso. Ele mostra uma placa informando que adultos não podem utilizar o parquinho e o expulsa (**segurança**).

Previdência Social

No momento de sua expulsão, você vê um idoso que faz você se lembrar de que precisa ir ao **INSS** para sacar a aposentadoria da sua avó (**Previdência Social**).

Proteção à maternidade e à infância

Ao entrar no INSS, você é surpreendido por um grupo de terroristas que começa a atirar para todos os lados. Você pega um escudo e protege uma mulher que amamenta um bebê e segura a mão de uma criança (**proteção à maternidade e à infância**).

Assistência aos desamparados

Quando você sai do INSS, um morador de rua barbudo pede ajuda; então, você entrega a ele cinquenta reais e um aparador (**assistência aos desamparados**).

Toda vez que desejar se lembrar dos direitos sociais, siga os passos que fizemos até aqui. Vá até o local escolhido como gaveta – no caso do nosso exemplo, a biblioteca – e refaça as cenas mentais para recordar a história criada para memorizar os direitos sociais.

Dicas para utilizar essa poderosa ferramenta de memorização

Se não quiser memorizar todo o texto, você pode estudá-lo, entendê-lo e utilizar somente as Palavras-chave.

Toda vez que ocorrerem Palavras Abstratas no texto legal, gerando dificuldades de memorização, devemos transformá-las em outras que nos tragam alguma imagem. Para isso, basta utilizar os Ícones Mentais.

Por exemplo: no caso da história da assistência aos desamparados, preferi utilizar a imagem de um aparador porque o som é parecido com o termo "desamparados".

Para melhorar a sua criatividade, utilize o acrônimo **ASOVE**. Crie uma Ação, Substitua, crie imagens fOra de proporção e Exagere nas cores.

Se você quiser que esse texto permaneça na sua memória por muito tempo, é só usar a técnica de Revisões Periódicas.

VAMOS PRATICAR!

Exercício 1

Vamos ver se você realmente memorizou os direitos sociais. Neste exercício, vou deixar um espaço para você escrever todos os direitos sociais:

Art. 6º – São direitos sociais:

Exercício 2

Agora é o momento de colocar nossa técnica em prática! Deixei um artigo para você memorizar utilizando as técnicas aprendidas.

Art. 1º A República Federativa do Brasil, formada pela união indissolúvel dos Estados e Municípios e do Distrito Federal, constitui-se em Estado Democrático de Direito e tem como fundamentos:
I – a soberania;
II – a cidadania;
III – a dignidade da pessoa humana;
IV – os valores sociais do trabalho e da livre iniciativa;
V – o pluralismo político.

RESUMO DO CAPÍTULO 4

» Utilize o **Acrônimo** como macete para memorizar artigos e leis, usando a primeira letra de outras palavras.

» Busque algo da própria palavra para ajudar a memorizá-la. O "gancho" estará na própria palavra ou texto, enfim, naquilo de que queremos lembrar na hora da prova ou do concurso.

» Para **memorizar frações**, é só seguir os passos a seguir:

Passo 1 – Transforme as frações, que são números, em imagens.

Passo 2 – Se o texto for grande, reduza-o a Palavras-chave que representem todo o assunto proposto.

Passo 3 – Associe as imagens mentais criadas às Palavras-chave que representam o texto.

» Para **memorizar palavras em latim**:

Crie o seu Palácio da Memória. Depois de escolhido o palácio, o passo seguinte será criar uma historinha associando o brocardo ao seu significado.

» **Paródias**:

Você poderá utilizar essa técnica para fazer as suas próprias paródias musicais, a fim de memorizar a matéria desejada. Basta escolher uma música e alterar a letra de acordo com o assunto desejado.

» Siga os cinco passos ensinados no capítulo 3 para criar os seus Mapas Mentais e utilize-os para memorizar artigos e leis.

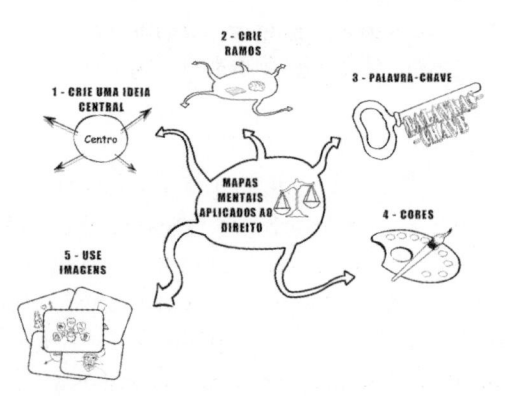

» Junte as Técnicas de Memorização, criando uma superferramenta para memorizar artigos, seguindo os passos a seguir:

Passo 1 – A primeira coisa a ser feita é criar uma localização específica.

Passo 2 – Associar os números dos artigos a uma imagem que te faça lembrar desse número.

Passo 3 – Criar uma história ligando todo o texto da lei ou do artigo a ser memorizado.

CONSIDERAÇÕES FINAIS

"Não basta conquistar a sabedoria, é preciso usá-la." **Cícero**

Parabéns por ter chegado ao final deste livro! Espero ter contribuído para facilitar a sua vida na hora de aprender uma nova matéria ou se preparar para uma prova ou um concurso. Estudar pode ser prazeroso e produtivo, desde que tenhamos ferramentas para nos auxiliar em nossa jornada.

Ao longo de nossa vida estudantil, criamos barreiras pessoais, sociais ou psicológicas que nos impedem de compreender os mecanismos da aprendizagem. Com as técnicas de memorização explicadas neste livro, podemos criar um caminho mais tranquilo e prazeroso em direção aos nossos objetivos.

O livro chegou ao fim, mas o seu aprendizado só está começando. Saiba que a memória é como um músculo que precisa ser exercitado.

A prática da memorização deve ser, para você, uma rotina constante. Quanto mais você praticar, mais aprenderá e menos dificuldades enfrentará em sua carreira.

Talvez você tenha percebido que nem toda técnica é ideal para os seus objetivos. Isso é perfeitamente normal. Cada pessoa possui uma forma de aprender e de reter conhecimento. O importante é selecionar a técnica que mais se adapta ao seu estilo e investir nela.

Pratique todas as técnicas e lembre-se destas últimas dicas para manter o seu cérebro em forma e cada vez mais afiado na hora dos estudos.

Encontre seu ritmo: busque os melhores horários para estudar e aprender as técnicas deste livro. Algumas pessoas funcionam melhor de manhã, outras são mais produtivas à noite. Respeite os seus horários e encontre o seu caminho!

Crie rotinas: mantenha uma rotina diária de estudos. A prática leva à perfeição. Anote os seus cronogramas de estudo e acompanhe o seu progresso, dia a dia, sem romper o ciclo.

Confie em seu potencial: qualquer pessoa pode aprender a memorizar, não importa se é "esquecido" ou inexperiente. Acredite na sua capacidade e não duvide de si mesmo.

Aprenda a aprender: memorizar algo de maneira sólida e duradoura demanda tempo. É preciso aprender a melhor forma de reter conteúdo. Use as técnicas com as quais você se identifica e crie, de modo orgânico, o melhor modo de memorizar os seus conteúdos.

E, por fim, a dica mais importante:

Não desista! No começo nem sempre é fácil, mas o erro faz parte da aprendizagem. Não aprendeu como deveria? Tente novamente. Faça revisões periódicas das técnicas deste livro; leia-o, se necessário, mais de uma vez. Destaque os pontos importantes e faça anotações. O importante é jamais desistir e transformar cada erro em um passo para continuar aprendendo mais e melhor.

Saiba que a mais poderosa ferramenta da humanidade está aí, dentro de você!

BIBLIOGRAFIA

LIVROS

BUZAN, T. *Mapas mentais*. Rio de Janeiro: Sextante, 2009.

CIRILLO, F. *The Pomodoro Technique:* Do More and Have Fun With Time Management. FC Garage GmbH, 2013.

GEDIMAN, C.L.; CRINELLA, F.M. *Deixe seu cérebro em forma:* exercícios especiais para melhorar a memória e aumentar a agilidade mental. Rio de Janeiro: Sextante, 2019.

DELL'ISOLA, A. *Super memória:* você também pode ter uma. São Paulo: Universo dos Livros, 2008.

DELL'ISOLA, A. *Mentes brilhantes:* como desenvolver todo o potencial do seu cérebro. São Paulo: Universo dos Livros, 2009.

DOUGLAS, W. *Como passar em provas e concursos*. São Paulo: Impetus, 2011.

LIMA, F.; DOUGLAS, W. *Mapas mentais e memorização para provas e concursos.* São Paulo: Impetus, 2010.

O'BRIEN, D. *Learn to remember:* practical techniques and exercises to improve your memory. Chronicle Books, 2000.

O'BRIEN, D. *Aprenda a usar a memória:* descubra seu potencial e desenvolva técnicas para não esquecer mais nada. São Paulo: Publifolha, 2004.

PETERS, S. *O paradoxo do chimpanzé:* o programa de gestão mental para alcançar autoconfiança, o sucesso e a felicidade. Rio de Janeiro: Intrínseca, 2016.

ROBBINS, M. *A regra dos 5 segundos:* transforme a sua vida num estalar de dedos. São Paulo: Lua de Papel, 2018.

SITES

Art of memory. Art of Memory Forum. Disponível em: https://forum.artofmemory.com/. Acesso em: jan. 2021.

Clube da memória. Disponível em: http://clubedamemoria.blogspot.com/. Acesso em: jan. 2021.

▶ **Inscreva-se no meu canal no YouTube:**
academiadamemorização

📷 **Siga-me no Instagram:**
@professor.alvim
@academiadamemorizacao

✉ **E-mail para contato:**
memorizedireitoo@gmail.com

Este livro foi composto em Utopia Std 10 pt e
impresso pela gráfica Viena em papel Offset 90 g/m².